阿拉伯语阅读

اَلْمُطَالَعَةُ الْعَرَبِيَّةُ

李生俊 编著
陈嘉厚 审订

北京大学出版社
PEKING UNIVERSITY PRESS

图书在版编目(CIP)数据

阿拉伯语阅读/李生俊编著. —北京:北京大学出版社,2006.3
ISBN 978-7-301-08971-2

Ⅰ.阿… Ⅱ.李… Ⅲ.阿拉伯语-阅读教学-高等学校-教学参考资料 Ⅳ.H379.4

中国版本图书馆CIP数据核字(2005)第105174号

书　　　名:	阿拉伯语阅读
著作责任者:	李生俊　编著
责 任 编 辑:	杜若明
标 准 书 号:	ISBN 978-7-301-08971-2/H·1470
出 版 发 行:	北京大学出版社
地　　　址:	北京市海淀区成府路205号　100871
网　　　址:	http://cbs.pku.edu.cn
电　　　话:	邮购部 62752015　发行部 62750672
	编辑部 62753374　出版部 62754962
电 子 邮 箱:	zpup@pup.pku.edu.cn
排 　版 　者:	北京华伦图文制作中心
印 　刷 　者:	北京大学印刷厂
经 　销 　者:	新华书店
	890毫米×1240毫米　A5　9.125印张　140千字
	2006年3月第1版　2019年2月第4次印刷
定　　　价:	18.00元

未经许可,不得以任何方式复制或抄袭本书之部分或全部内容。
版权所有,侵权必究　举报电话:010-62752024
电子邮箱:fd@pup.pku.edu.cn

前 言

《阿拉伯语阅读》是《简明阿拉伯语教程》的配套用书，这是一本内容丰富，简明实用的语言教材，是一本融阿拉伯语言、文化为一体的全新的阅读教材，具有很强的知识性、科学性、实用性和趣味性。

编著此书时，十分注意尊重阿拉伯民族的文化传统和民族习惯，尽量选用阿拉伯语原文，充分考虑题材的广泛性和体裁的多样性，大胆突破以往教材编写的旧框框，把语言、文化以及语法和修辞等各种知识的学习有机地贯穿在一起，把复习、巩固基础阶段的语言知识与求新、提高和开拓结合起来，并强调以口头表达和翻译为基础的课堂练习，使学生在大量学习语言、文化知识的同时，不断提高遣词造句能力以及写作表达能力和阅读欣赏能力。全书共60课，除课文外每课均附有生词、练习和中文译文。

书稿完成后，得到了北京大学陈嘉厚教授的热情帮助，他仔细地阅读了全书，提出了许多极有价值的意见。

另外，中国互联网新闻中心的阿文编辑张莉萍、外文出版社的阿文副译审吴慧兰，以及北京大学外国语学院阿拉伯语系袁琳老师在本书的编写过程中都给予我很大的帮助，在此，我向他们表示衷心的感谢。

由于个人水平有限，书中的缺点和不足在所难免，诚请读者批评指正。

编者

2005年2月

اَلْفِهْرِسُ
目 录

اَلدَّرْسُ الأَوَّلُ اَلْمَطَرُ 1

第一课 雨

اَلدَّرْسُ الثَّانِي اَلْقَلْبُ 4

第二课 心脏

اَلدَّرْسُ الثَّالِثُ كَيْفَ أُسَاعِدُ أُمِّي؟ 7

第三课 怎样帮助母亲？

اَلدَّرْسُ الرَّابِعُ اَلْعِنَايَةُ بِالنَّظَافَةِ 10

第四课 注意卫生

اَلدَّرْسُ الْخَامِسُ مِنْ فَضْلِكِ يَا آنِسَةُ ! 13

第五课 劳驾，小姐！

اَلدَّرْسُ السَّادِسُ　أَبُو الْهَوْلِ 15

第六课　狮身人面像

اَلدَّرْسُ السَّابِعُ　سَفِينَةُ الصَّحْرَاءِ 18

第七课　沙漠之舟

اَلدَّرْسُ الثَّامِنُ　دَرْسٌ لَنْ أَنْسَاهُ 21

第八课　难忘的教训

اَلدَّرْسُ التَّاسِعُ　دَرْسٌ فِي الْجُغْرَافِيَا 25

第九课　地理课

اَلدَّرْسُ الْعَاشِرُ　هَلْ تَعْرِفُنِي؟ 29

第十课　你认识我吗？

اَلدَّرْسُ الْحَادِيَ عَشَرَ　اَلشَّمْسُ 32

第十一课　太阳

اَلدَّرْسُ الثَّانِيَ عَشَرَ　اَلْأَلْوَانُ 36

第十二课　颜色

اَلدَّرْسُ الثَّالِثَ عَشَرَ　اَلْبِتْرُولُ 40

第十三课　石油

اَلدَّرْسُ الرَّابِعَ عَشَرَ   اَلْأُكْسِيجِين 44

第十四课　氧气

اَلدَّرْسُ الْخَامِسَ عَشَرَ   مَطْعَمُنَا 47

第十五课　我们的食堂

اَلدَّرْسُ السَّادِسَ عَشَرَ   اَلْأَلْعَابُ الرِّيَاضِيَّةُ 51

第十六课　体育运动

اَلدَّرْسُ السَّابِعَ عَشَرَ   اَلْقَمْحُ 56

第十七课　小麦

اَلدَّرْسُ الثَّامِنَ عَشَرَ   اَلرُّزُّ 60

第十八课　稻子

اَلدَّرْسُ التَّاسِعَ عَشَرَ   اَلْهَوَاءُ 64

第十九课　空气

اَلدَّرْسُ الْعِشْرُونَ   اَلْمَاءُ فِي حَيَاتِنَا 67

第二十课　生活中的水

اَلدَّرْسُ الْحَادِي وَالْعِشْرُونَ   اسْتَكْمِلْ غِذَاءَكَ 71

第二十一课　完善你的饮食

اَلدَّرْسُ الثَّاني وَالْعِشْرُونَ   مُنَاخُ الصِّين 76

第二十二课　中国的气候

اَلدَّرْسُ الثَّالثُ وَالْعِشْرُونَ   قِطَافُ الزَّيْتُون 79

第二十三课　摘橄榄

اَلدَّرْسُ الرَّابعُ وَالْعِشْرُونَ   اَلنَّشَاطُ وَوَقْتُ الْفَرَاغِ 83

第二十四课　活动与空余时间

اَلدَّرْسُ الْخَامِسُ وَالْعِشْرُونَ   اَلرِّيَاضَةُ الْبَدَنِيَّةُ 86

第二十五课　体育锻炼

اَلدَّرْسُ السَّادِسُ وَالْعِشْرُونَ   حِصَّةُ التَّعْبِيرِ 92

第二十六课　表达课

اَلدَّرْسُ السَّابِعُ وَالْعِشْرُونَ   فِي حِصَّةِ اللُّغَةِ الْعَرَبِيَّةِ 96

第二十七课　上阿拉伯语课

اَلدَّرْسُ الثَّامِنُ وَالْعِشْرُونَ   قِرَاءَةُ الْجَرِيدَةِ 100

第二十八课　读报

اَلدَّرْسُ التَّاسِعُ وَالْعِشْرُونَ   اَلزَّمَنُ 105

第二十九课　时间

اَلدَّرْسُ الثَّلاَثُونَ جُحَا 110

第三十课 朱哈

اَلدَّرْسُ الْحَادِي وَالثَّلاَثُونَ اَلصِّيَامُ 114

第三十一课 把斋

اَلدَّرْسُ الثَّانِي وَالثَّلاَثُونَ اَلصِّينُ 119

第三十二课 中国

اَلدَّرْسُ الثَّالِثُ وَالثَّلاَثُونَ إِلَى بَكِين 125

第三十三课 到北京

اَلدَّرْسُ الرَّابِعُ وَالثَّلاَثُونَ فِي الْمَخْزَنِ الْكَبِيرِ 131

第三十四课 在大商场

اَلدَّرْسُ الْخَامِسُ وَالثَّلاَثُونَ فِي الشَّارِعِ 139

第三十五课 在街上

اَلدَّرْسُ السَّادِسُ وَالثَّلاَثُونَ وَسَائِلُ السَّفَرِ فِي الْبَرِّ وَالْجَوِّ 145

第三十六课 陆空交通工具

اَلدَّرْسُ السَّابِعُ وَالثَّلاَثُونَ وَسَائِلُ السَّفَرِ فِي الْبَحْرِ 149

第三十七课 海上交通工具

اَلدَّرْسُ الثَّامِنُ والثَّلاَثُونَ   اَلْعَالَمُ الْعَرَبِيُّ 153

第三十八课　阿拉伯世界

اَلدَّرْسُ التَّاسِعُ والثَّلاَثُونَ   قَنَاةُ السُّوَيْسِ 160

第三十九课　苏伊士运河

اَلدَّرْسُ الأَرْبَعُونَ   عِنْدَ الْمَنْصُورَةِ 165

第四十课　在曼苏拉市

اَلدَّرْسُ الْحَادِي والأَرْبَعُونَ   اَلاِحْتِفَالُ بِالذِّكْرَى الأُولَى لإِعَادَةِ فَتْحِ قَنَاةِ السُّوَيْسِ ...169

第四十一课　庆祝苏伊士运河复航一周年

اَلدَّرْسُ الثَّانِي والأَرْبَعُونَ   بُورَ سَعِيدَ 174

第四十二课　赛得港

اَلدَّرْسُ الثَّالِثُ والأَرْبَعُونَ   لِمَاذَا الْهَرَبُ؟ 178

第四十三课　为何要逃？

اَلدَّرْسُ الرَّابِعُ والأَرْبَعُونَ   مَطَرٌ يُنْبِتُ الذَّهَبَ 183

第四十四课　雨水会长出金子

اَلدَّرْسُ الْخَامِسُ والأَرْبَعُونَ   اَلدَّجَاجَةُ الصَّغِيرَةُ الْحَمْرَاءُ 188

第四十五课　小红母鸡

اَلدَّرْسُ السَّادِسُ وَالأَرْبَعُونَ   اَلثَّوْرُ الْمَخْدُوعُ 192

第四十六课　受骗的牛

اَلدَّرْسُ السَّابِعُ وَالأَرْبَعُونَ   أَصْدِقَاءُ الْفَلَّاحِ 197

第四十七课　农民的朋友

اَلدَّرْسُ الثَّامِنُ وَالأَرْبَعُونَ   صَارَتِ الْحَبَّةُ قُبَّةً 204

第四十八课　芝麻变绿豆

اَلدَّرْسُ التَّاسِعُ وَالأَرْبَعُونَ   اَلتِّلْفُونُ الْمُتَكَلِّمُ 212

第四十九课　会说话的电话

اَلدَّرْسُ الْخَمْسُونَ   اَلْمُوَاطِنُ الصَّالِحُ 217

第五十课　好公民

اَلدَّرْسُ الْحَادِي وَالْخَمْسُونَ   عُطْلَةٌ صَيْفِيَّةٌ 223

第五十一课　暑假

اَلدَّرْسُ الثَّانِي وَالْخَمْسُونَ   نَدْوَةٌ مُفِيدَةٌ 229

第五十二课　一次有益的讨论会

اَلدَّرْسُ الثَّالِثُ وَالْخَمْسُونَ   مُقَابَلَةٌ بَيْنَ مَسْؤُولٍ فِي جَامِعَةِ بَكِينَ وَطُلَّابٍ عَرَبٍ 235

第五十三课　北京大学领导会见阿拉伯留学生

اَلدَّرْسُ الرَّابِعُ وَالْخَمْسُونَ   طَهَ الْقُرَشِيّ مَرِيضٌ 241

第五十四课　塔哈·古莱什病了

اَلدَّرْسُ الْخَامِسُ وَالْخَمْسُونَ   يَوْمُ الأَحَدِ 250

第五十五课　星期天

اَلدَّرْسُ السَّادِسُ وَالْخَمْسُونَ   اَلسَّمَكُ الْمَحْفُوظُ 257

第五十六课　罐头鱼

اَلدَّرْسُ السَّابِعُ الْخَمْسُونَ   اَلتَّلَوُّثُ 262

第五十七课　污染

اَلدَّرْسُ الثَّامِنُ وَالْخَمْسُونَ   طَرِيقُ الْحَرِيرِ 266

第五十八课　丝绸之路

اَلدَّرْسُ التَّاسِعُ وَالْخَمْسُونَ   طَهَ حُسَيْن 271

第五十九课　塔哈·侯赛因

اَلدَّرْسُ السِّتُّونَ   تَعْلِيمُ الْعَرَبِيَّةِ 276

第六十课　阿拉伯语教学

اَلدَّرْسُ الأَوَّلُ

اَلْمَطَرُ

فِي السَّمَاءِ سَحَابٌ كَثِيرٌ، وَقَدْ تَرَاكَمَ شَيْئًا فَشَيْئًا حَتَى صَارَ الآنَ أَسْوَدَ جِدًّا وَحَجَبَ الشَّمْسَ. اِسْمَعِ الرَّعْدَ وَلاَ بُدَّ أَنْ يَأْتِيَ بَعْدَهُ الْمَطَرُ. اُنْظُرِ الْبَرْقَ يَلْمَعُ فِي السَّمَاءِ، وَيُنَوِّرُ الأَرْضَ، هَذِهِ قَطْرَةُ مَطَرٍ عَلَى يَدِي. تَعَالْ نَقِفْ عِنْدَ هَذَا الْبَابِ، نُشَاهِدْ مَنْظَرَ الْمَطَرِ.

يَجْرِي النَّاسُ هُنَا وَهُنَاكَ وَقَدْ فَتَحُوا الْمِظَلاَّتِ. وَلَكِنَّ الْمَطَرَ نَافِعٌ وَضَرُورِيٌّ لِلإِنْسَانِ وَالْحَيَوَانِ وَالنَّبَاتِ. وَلَوْلاَ الْمَطَرُ لَمَا كُنْتَ تَرَى عَلَى وَجْهِ الأَرْضِ نَبَاتًا أَخْضَرَ...

اَلْمَطَرُ اِنْقَطَعَ الآنَ، فَهَيَّا بِنَا إِلَى الْبَيْتِ.

اَلْمُفْرَدَاتُ:

مَطَرٌ جـ أَمْطَارٌ　　雨水，雨

رَعْدٌ جـ رُعُودٌ　　雷，雷声

بَرْقٌ	闪光，闪电
لَمَعَ – لَمْعًا ولَمَعَانًا البَرْقُ	打闪，闪电，电光闪闪
نَبَاتٌ جـ نَبَاتَاتٌ	植物
لَوْلا ... لَمَا..	要是没有……就不会； 要是没有……就没有
اِنْقَطَعَ اِنْقِطَاعًا المطرُ أو الصَّوْتُ الخ	（雨或声音）停了；断了

اَلْمُنَاقَشَةُ:

١) مَاذَا يَظْهَرُ فِي السَّمَاءِ وَكَيْفَ يَتَغَيَّرُ قَبْلَ نُزُولِ الْمَطَرِ ؟

٢) صَوِّرْ (صَوِّرِي) كَيْفَ صَارَ الْعَالَمُ لَوْلاَ الْمَطَرُ .

٣) هَلْ تُحِبُّ الْمَطَرَ ؟

٤) هَلْ سَبَقَ لَكَ أَنْ شَاهَدْتَ مَنْظَرَ الْمَطَرِ ؟

٥) هَلْ تَعْرِفُ أَهَمِّيَّةَ الْمَطَرِ؟ وَمَا هِيَ ؟

第一课 雨

　　天上云很多，渐渐堆积起来，变成黑压压的一片，遮住了太阳。你听这雷声过后必有雨。你看天空电光闪闪，照亮了大地。一个雨点掉在我手上。来吧，让我们站在门口看雨景。

　　人们撑着雨伞来来往往。但雨对人类和动植物都是有益和必要的。要是没有雨，你就不会见到地上的绿色植物……

　　现在雨停了，我们回家吧。

اَلدَّرْسُ الثَّانِي

اَلْقَلْبُ

فِي كُلِّ دَقِيقَةٍ مِنْ حَيَاتِنَا يَجِبُ أَنْ يَجْرِيَ الدَّمُ فِي أَجْسَامِنَا حَامِلاً الأُكْسِيجِينَ وَالْغِذَاءَ إِلَى جَمِيعِ أَجْزَاءِ الْجِسْمِ. وَالْقَلْبُ هُوَ الَّذِي يَجْعَلُ الدَّمَ مُسْتَمِرًّا فِي حَرَكَتِهِ، يَخْرُجُ مِنْهُ الدَّمُ الْجَدِيدُ وَيَعُودُ إِلَيْهِ الدَّمُ الْقَدِيمُ.

وَالْقَلْبُ مُكَوَّنٌ مِنْ مِضَخَّتَيْنِ، فَنِصْفُهُ يَدْفَعُ الدَّمَ إِلَى الرِّئَتَيْنِ وَمِنْهُمَا يَعُودُ ثَانِيَةً إِلَى الْقَلْبِ وَيُرْسِلُ نِصْفُهُ الثَّانِي الدَّمَ إِلَى بَاقِي الْجِسْمِ.

عَدَدُ دَقَّاتِ الْقَلْبِ حَوَالَيْ سَبْعِينَ فِي الدَّقِيقَةِ، وَلاَ تَكُونُ أَكْثَرَ مِنْ ذَلِكَ وَلاَ أَقَلَّ إِلاَّ عِنْدَمَا يَمْرَضُ الإِنْسَانُ أَوْ يَتْعَبُ كَثِيرًا.

اَلْمُفْرَدَاتُ:

جَرَى ـــ جَرْيًا	跑，奔；水流动
أُكْسِيجِين	氧气

مُكَوَّنٌ م مُكَوَّنَةٌ من كذا	（由某些人或物）组成的，形成的，构成的
مِضَخَّةٌ جـ مِضَخَّاتٌ	泵；水泵，抽水机
حَوالَيْ...	大约，大概，左右
نِصْفٌ جـ أَنْصَافٌ	一半，二分之一

اَلْمُنَاقَشَةُ:

١) لِمَاذَا يَجْرِي الدَّمُ فِي كُلِّ دَقِيقَةٍ فِي أَجْسَامِنَا ؟

٢) مَا هُوَ الَّذِي يَجْعَلُ الدَّمَ مُسْتَمِرًّا فِي حَرَكَتِه دَاخِلَ الأَجْسَامِ ؟

٣) مِمَّ يَتَكَوَّنُ الْقَلْبُ ؟ وَمَا وَظِيفَتُهُ ؟

٤) كَمْ عَدَدُ دَقَّاتِ الْقَلْبِ لِلإِنْسَانِ فِي الدَّقِيقَةِ ؟

٥) إِذَا كَانَ الإِنْسَانُ مَرِيضًا أَوْ تَعْبَانَ، فَمَاذَا حَدَثَ بِنَبْضِه ؟

第二课　心　脏

我们生命的每一分钟里，都需血液在体内流动，它把氧气和营养带到全身各处。正是心脏使得血液能持续流动，新鲜血液从心脏流出，旧血液则流回心脏。

心脏由两个泵组成。心脏上半部推动血液流向两肺，再从两肺流回来，心脏下半部则将血液输送到全身其他部位。

心跳每分钟约为70次，只有在生病或是疲劳时才会超过或是少于这个数。

اَلدَّرْسُ الثَّامِنُ

دَرْسٌ لَنْ أَنْسَاهُ

ذَاتَ مَرَّةٍ خَرَجْتُ إِلَى السُّوقِ وَفِي يَدِي سَلَّةٌ صَغِيرَةٌ.

اَلْحَاجَاتُ فِي السُّوقِ مُتَوَفِّرَةٌ، نَجِدُ فِيهَا كُلَّ شَيْءٍ نَحْتَاجُ إِلَيْهِ. وَعِنْدَمَا امْتَلأَتِ السَّلَّةُ بِالْمُشْتَرَيَاتِ حَمَلْتُهَا وَعُدْتُ مُسْرِعًا. وَرَأَيْتُ فِي الطَّرِيقِ بَائِعًا مُتَجَوِّلاً يَبِيعُ الْحَلَوِيَّاتِ، فَتَوَقَّفْتُ وَاشْتَرَيْتُ قِطْعَةَ حَلْوَى ثُمَّ أَكَلْتُهَا.

فِي الْمَسَاءِ شَعَرْتُ بِأَلَمٍ شَدِيدٍ فِي بَطَنِي، وَأَخْبَرْتُ مَامَا بِذَلِكَ، فَنَادَتْ جَارَنَا الطَّبِيبَ.

وَبَعْدَ أَنْ وَصَفَ لِي الطَّبِيبُ شَرَاباً، قَالَ: تَجَنَّبْ تَنَاوُلَ الطَّعَامِ الْمَكْشُوفِ مِنَ الْبَاعَةِ الْمُتَجَوِّلِينَ لأَنَّ الْحَشَرَاتِ تَحُطُّ عَلَيْهِ وَتَنْقُلُ الْجَرَاثِيمَ إِلَى الشَّخْصِ الَّذِي يَتَنَاوَلُهُ فَتُسَبِّبُ لَهُ الأَمْرَاضَ.

وَقَدْ شُفِيتُ سَرِيعًا، وَلَكِنْ بَقِي هَذَا الْحَادِثُ فِي ذِهْنِي دَرْسًا لَنْ أَنْسَاهُ.

مِلْعَقَةٌ جـ مَلاَعِقُ	汤匙
نَاوَلَ مُنَاوَلَةً فُلاَناً شَيْئًا	递给，交给某人
سُوقٌ جـ أَسْوَاقٌ	市场（阴性），商场
ما	（连接名词，表示事物）
اِجْتَهَدَ اِجْتِهَاداً فِي كذا	努力，勤奋
وَفَّرَ تَوْفِيرًا المالَ	攒钱，储蓄，节省
نَجَحَ - نَجَاحًا	成功，胜利
مَصْرُوفٌ جـ مَصْرُوفَاتٌ ومَصارِيفُ	零用钱；开支，花销

اَلْمُنَاقَشَةُ:

١) لِمَاذَا يُحَافِظُ الْكَاتِبُ عَلَى نَظَافَةِ الْبَيْتِ وَتَرْتِيبِهِ ؟

٢) كَيْفَ يُسَاعِدُ الْكَاتِبُ أُمَّهُ فِي عَمَلِ الْمَنْزِلِ ؟

٣) هَلْ تُسَاعِدُ أَنْتَ أُمَّكَ فِي عَمَلِ الْمَنْزِلِ؟ وَكَيْفَ تُسَاعِدُهَا ؟

٤) لِمَاذَا يُوَفِّرُ الْكَاتِبُ مَصْرُوفَهُ ؟

٥) هَلْ تُقَدِّمُ هَدِيَّةً لِأُمِّكَ فِي عِيدِ الأُمِّ ؟ وَمَاذَا تَوَدُّ أَنْ تُهْدِيَ إِلَى أُمِّكَ فِي هَذَا الْعَامِ ؟

第三课　怎样帮助母亲？

　　母亲为我十分操劳，我要对她尽点儿义务：我保持家里整洁，井然有序；我注意保持衣服清洁，免得劳累母亲洗涤。

　　我帮助母亲干家务，做饭时她需要一把匙子或一个盘子，我便递给她。我还帮她摆好饭桌。

　　我从市场买来她需要的东西，我努力学习取得好成绩，我攒下部分零用钱用来在母亲节给她送上一份礼物。

اَلدَّرْسُ الرَّابِعُ

اَلْعِنَايَةُ بِالنَّظَافَةِ

رَأَى حُسَيْنٌ وَرَقَةً عَلَى أَرْضِ الْفَصْلِ فَالْتَقَطَهَا، ثُمَّ رَمَى بِهَا فِي سَلَّةِ الْمُهْمَلاَتِ.

عَادَ حُسَيْنٌ مَعَ صَدِيقِهِ كَرِيمٍ إِلَى الْبَيْتِ، وَفِي الطَّرِيقِ سَقَطَتْ مِنْ كَرِيمٍ وَرَقَةٌ عَلَى الرَّصِيفِ، فَالْتَقَطَهَا حُسَيْنٌ لِيُحَافِظَ عَلَى نَظَافَةِ الشَّارِعِ.

وَصَلَ حُسَيْنٌ إِلَى الْبَيْتِ، فَغَسَلَ يَدَيْهِ بِالْمَاءِ وَالصَّابُونِ. وَسَاعَدَ أُمَّهُ فِي غَسْلِ الْفَوَاكِهِ، ثُمَّ جَلَسَ مَعَ أَهْلِهِ حَوْلَ الْمَائِدَةِ يَتَنَاوَلُ طَعَامَ الْغَدَاءِ.

اَلْمُفْرَدَاتُ:

حُسَيْنٌ	侯赛因（男子名）
سَقَطَ ـُ سُقُوطًا	掉落，掉下；跌落，跌倒
صَابُونٌ	肥皂
اِلْتَقَطَ اِلْتِقَاطًا الشيءَ	拾起，捡起
ـــ الصورةَ	照相，摄影

شَارِعٌ جـ شَوَارِعُ	马路，大街
رَمَى يَرْمِي رَمْيًا الشيءَ أو بِهِ	扔，投
رَصِيفٌ جـ أَرْصِفَةٌ	人行道
سَلَّةُ الْمُهْمَلاتِ	字纸篓
مَائِدَةٌ جـ مَوَائِدُ	餐桌，饭桌

اَلْمُنَاقَشَةُ:

١) مَاذَا فَعَلَ حُسَيْنٌ عِنْدَمَا رَأَى وَرَقَةً عَلَى أَرْضِ الْفَصْلِ ؟

٢) مَعَ مَنْ عَادَ حُسَيْنٌ إِلَى الْبَيْتِ ؟

٣) وَمَاذَا حَدَثَ فِي الطَّرِيقِ ؟

٤) مَاذَا فَعَلَ حُسَيْنٌ بَعْدَ وُصُولِهِ إِلَى بَيْتِهِ .

第四课　注意卫生

侯赛因看见班级的地上有一张纸，就把它捡了起来扔进纸篓。他和朋友凯利姆一同回家，路上，凯利姆的一张纸掉落在人行道上，侯赛因为了保持街道清洁，又把纸捡了起来。

　　侯赛因到家后用水和肥皂洗手，还帮母亲洗水果，然后和家人一起围坐餐桌吃午饭。

اَلدَّرْسُ الْخامِسُ

مِنْ فَضْلِكِ يا آنِسَةُ !

سَأَلْتُ أَبِي أَمْسِ: "كَيْفَ يُمْكِنُكَ أَنْ تَتَكَلَّمَ مَعَ صَدِيقِكَ، إِذَا كُنْتَ لاَ تَعْرِفُ رَقْمَ تِلِيفُونِهِ ؟" نَظَرَ أَبِي إِلَيَّ مُبْتَسِماً، فَقَالَ: "اُنْظُرْ مَاذَا أَعْمَلُ!"، أَخَذَ أَبِي سَمَّاعَةَ التِّلِيفُونِ وَطَلَبَ رَقْمَ ١١٤، فَرَدَّتْ عَلَيْهِ الْعَامِلَةُ، فَقَالَ أَبِي: "مِنْ فَضْلِكِ يَا آنِسَةُ، أَعْطِينِي رَقْمَ تِلِيفُونِ السَّيِّدِ فُؤَادٍ." وَبَعْدَ لَحَظَاتٍ ذَكَرَتْ لَهُ الْعَامِلَةُ الرَّقْمَ الْمَطْلُوبَ، فَشَكَرَهَا أَبِي.

اَلْمُفْرَدَاتُ:

مِنْ فَضْلِكِ!	劳驾，请
سَمَّاعَةٌ جـ سَمَّاعَاتٌ	听筒；听诊器；耳机
مُبْتَسِمٌ	微笑的
فُؤَادٌ	福阿德（男子名）
لَحْظَةٌ جـ لَحَظَاتٌ	瞬间，顷刻

ذَكَرَ – ُ ذِكْرًا وتَذْكَارًا الأمرَ	指出，提到，叙述
مَطْلُوبٌ	所要求的

اَلْمُنَاقَشَةُ:

١) مَاذَا سَأَلَ الْكَاتِبُ أَبَاهُ ؟

٢) كَيْفَ أَجَابَ الأَبُ عَلى سُؤَالِهِ ؟

٣) لِمَاذَا أَخَذَ الأَبُ سَمَّاعَةَ التِّلِيفُونِ وَطَلَبَ رَقْمَ ١١٤؟

第五课　劳驾，小姐！

昨天我问爸爸："假如你不知道你朋友的电话号码，你怎样给他打电话？"爸爸微笑地看着我说："你瞧着，我怎么做！"爸爸拿起电话听筒，拨了号码 114，一位女工作人员接了电话，爸爸说："劳驾，小姐，请告诉我福阿德先生的电话号码。"稍后，工作人员便告诉了爸爸他所要的号码，爸爸向她道了谢。

اَلدَّرْسُ السَّادِسُ

أَبُو الْهَوْلِ

هُوَ تِمْثَالٌ ضَخْمٌ بِالْقُرْبِ مِنَ الأَهْرَامِ، يَبْلُغُ اِرْتِفَاعُهُ عِشْرِينَ مِتْرًا وَطُولُهُ ٤٦ مِتْرًا، وَهُوَ مَنْحُوتٌ مِنْ صَخْرَةٍ وَاحِدَةٍ، رَأْسُهُ رَأْسُ إِنْسَانٍ وَجِسْمُهُ جِسْمُ أَسَدٍ. وَمَا تَزَالُ أَلْوَانُ وَجْهِهِ الْحَمْرَاءُ بَاقِيَةً وَيُمْكِنُ أَنْ يَرَاهَا النَّاظِرُ بِوُضُوحٍ.

لَقَدْ ظَلَّ أَبُو الْهَوْلِ صَامِتاً آلاَفَ السِّنِينَ يَشْهَدُ مَا يَدُورُ فِي أَرْضِ وَادِي النِّيلِ مِنْ أَحْدَاثٍ، وَعَاشَ هَذِهِ السِّنِينَ الْحُلْوَةَ أَحْيَانًا وَالْمُرَّةَ أَحْيَانًا كَثِيرَةً، شَامِخَ الرَّأْسِ يَسْتَقْبِلُ الشَّمْسَ الْمُشْرِقَةَ كُلَّ صَبَاحٍ، وَكَأَنَّهُ فِي سُكُوتِهِ يَدْعُو لأَرْضِ وَادِي النِّيلِ بِالأَمْنِ وَالسَّلاَمِ.

اَلْمُفْرَدَاتُ:

أَبُو الهَوْلِ	狮身人面像
مَنْحُوتٌ	雕刻的
ضَخْمٌ	巨大的，庞大的

岩石	صَخْرَةٌ جـ صُخُورٌ
靠近，在……附近	بالقُرْبِ من كذا
狮子	أَسَدٌ
留下的，剩下的	بَاقِيَةٌ
金字塔	هَرَمٌ جـ أهْرَامٌ
高耸的，高（山）	شَامِخٌ
沉默的，一言不发的	صَامِتٌ
目睹，亲眼看见；见证	شَهِدَ ـَـ شَهَادَةً الشيءَ
山谷；河谷；流域	وَادٍ (اَلْوَادِي) جـ أوْدِيَةٌ
发光的，光辉的	مُشْرِقٌ
安静，沉默	سُكُوتٌ
尼罗河流域	وَادِي النِّيلِ
祝福，祝愿，祈祷	دَعَا يَدْعُو دُعاءً لَهُ بكذا
事件（指大事件）	حَدَثٌ جـ أَحْدَاثٌ
安全，保安，太平	أَمْنٌ

اَلْمُنَاقَشَةُ:

١) مَا هُوَ أَبُو الْهَوْلِ ؟

٢) كَمْ مِتْرًا يَبْلُغُ ارْتِفَاعُ "أَبُو الْهَوْلِ" وَطُولُهُ ؟

٣) هَلْ رَأْسُهُ رَأْسُ أَسَدٍ وَجِسْمُهُ جِسْمُ إِنْسَانٍ ؟

٤) كَمْ سَنَةً ظَلَّ أَبُو الْهَوْلِ يَقِفُ هُنَاكَ صَامِتًا ؟

٥) كَيْفَ عَاشَ أَبُو الْهَوْلِ هَذِهِ السِّنِينَ ؟

٦) بِمَ يَدْعُو أَبُو الْهَوْلِ لأَرْضِ وَادِي النِّيلِ ؟

第六课　狮身人面像

它是金字塔旁的一尊巨大雕像，高（达）20 米，长（达）46 米，它由一整块岩石雕成，人面狮身。脸上留存的红彩色泽仍清楚可见。

狮身人面像数千年默默地见证着尼罗河流域的变迁，度过甜蜜的岁月，也遭遇苦涩的年头。每天早晨昂首迎接光辉的太阳，静默之中，仿佛在为尼罗河流域的大地祈（求）平安。

اَلدَّرْسُ السَّابِعُ

سَفِينَةُ الصَّحْرَاءِ

اَلْجَمَلُ حَيَوَانٌ عَظِيمُ الْجِسْمِ، يَعِيشُ فِي الصَّحْرَاءِ وَيَكْثُرُ فِي بِلَادِ الْعَرَبِ وَشِمَالِ أَفْرِيقِيَّةَ. وَالْجَمَلُ وَحْدَهُ يَسْتَطِيعُ السَّيْرَ بِسُهُولَةٍ فَوْقَ الرَّمْلِ وَلِذَلِكَ يُسَمَّي "سَفِينَةَ الصَّحْرَاءِ".

وَارْتِفَاعُ الْجَمَلِ مِتْرَانِ تَقْرِيبًا، وَلَهُ عُنُقٌ طَوِيلٌ، وَشِفَاهٌ كَبِيرَةٌ وَبَطْنٌ ضَخْمٌ وَرَأْسٌ صَغِيرٌ، وَفَوْقَ ظَهْرِهِ سَنَامٌ مِنَ الدُّهْنِ يَتَغَذَّى مِنْهُ حِينَ لاَ يَجِدُ طَعَامًا، وَهُوَ صَبُورٌ عَلَى الْجُوعِ وَالْعَطْشِ.

اَلْجَمَلُ يَنْشَطُ فِي سَيْرِهِ حِينَ يُغَنِّي لَهُ صَاحِبُهُ. مَنَافِعُهُ كَثِيرَةٌ، يَتَغَذَّى الْبَدْوُ مِنْ لَبَنِهِ وَلَحْمِهِ، وَمِنْ وَبَرِ الْجِمَالِ يَتَّخِذُونَ مَلاَبِسَ مُدْفِئَةً فِي الشِّتَاءِ.

وَمِنَ الْجِمَالِ نَوْعٌ لَهُ سَنَامَانِ يَعِيشُ فِي شِمَالِ الصِّينِ وَأَوَاسِطِ آسِيَا.

اَلْمُفْرَدَاتُ:

سَفِينَةٌ جـ سُفُنٌ	船
أَفْرِيقِيَّةُ (أَفْرِيقِيَا)	非洲
وَبَرٌ جـ أَوْبَارٌ	（驼，兔的）绒毛
مُدْفِئٌ م مُدْفِئَةٌ	温暖的
البَدْوُ (اَلْمُفْرَدُ بَدَوِيٌّ)	游牧民，贝都因人
اِتَّخَذَ يَتَّخِذُ اِتِّخَاذًا الشيءَ	采用，采取
تَغَذَّى تَغَذِّيًا	吸收营养，得到营养
حِينَ ...	当……时候
أَوْسَطُ جـ أَوَاسِطُ	当中的，中间的，中部的
صَبُورٌ	忍耐的，坚忍的

اَلْمُنَاقَشَةُ:

١) أَيُّ مِنْطَقَةٍ يَكْثُرُ فِيهَا الْجَمَلُ ؟

٢) لِمَاذَا سَمَّى النَّاسُ الْجَمَلَ "سَفِينَةَ الصَّحْرَاءِ" ؟

٣) مَا هُوَ مَظْهَرُ الْجَمَلِ؟

٤) مَا دَوْرُ السَّنَامِ فَوْقَ ظَهْرِ الْجَمَلِ؟

٥) كَيْفَ يَسْتَفِيدُ الْبَدْوُ مِنَ الْجَمَلِ؟

٦) أَيْنَ يَعِيشُ نَوْعٌ مِنَ الْجِمَالِ لَهُ سَنَامَانِ؟

第七课 沙漠之舟

骆驼是一种体形庞大的动物，生活在沙漠里，阿拉伯国家和北非较多。只有骆驼能够在沙地上轻松行走，因而被称作"沙漠之舟"。

骆驼身高约两米，有着长脖子，厚嘴唇，大肚子和小脑袋，背上有一驼峰，里面储存脂肪，找不到食物时从中汲取营养。骆驼对饥渴极具忍耐力。

当骆驼主人为它歌唱时，它便走得很带劲。骆驼有诸多用处，贝都因人喝驼奶、吃驼肉，用驼毛制成温暖的冬衣。

还有一种骆驼是双峰的，生活在中国北部和中亚地区。

اَلدَّرْسُ الثَّامِنُ

دَرْسٌ لَنْ أَنْسَاهُ

ذَاتَ مَرَّةٍ خَرَجْتُ إِلَى السُّوقِ وَفِي يَدِي سَلَّةٌ صَغِيرَةٌ.

اَلْحَاجَاتُ فِي السُّوقِ مُتَوَفِّرَةٌ، نَجِدُ فِيهَا كُلَّ شَيْءٍ نَحْتَاجُ إِلَيْهِ. وَعِنْدَمَا امْتَلأَتِ السَّلَّةُ بِالْمُشْتَرَيَاتِ حَمَلْتُهَا وَعُدْتُ مُسْرِعًا. وَرَأَيْتُ فِي الطَّرِيقِ بَائِعًا مُتَجَوِّلاً يَبِيعُ الْحَلَوِيَّاتِ، فَتَوَقَّفْتُ وَاشْتَرَيْتُ قِطْعَةَ حَلْوَى ثُمَّ أَكَلْتُهَا.

فِي الْمَسَاءِ شَعَرْتُ بِأَلَمٍ شَدِيدٍ فِي بَطَنِي، وَأَخْبَرْتُ مَامَا بِذَلِكَ، فَنَادَتْ جَارَنَا الطَّبِيبَ.

وَبَعْدَ أَنْ وَصَفَ لِي الطَّبِيبُ شَرَاباً، قَالَ: تَجَنَّبْ تَنَاوُلَ الطَّعَامِ الْمَكْشُوفِ مِنَ الْبَاعَةِ الْمُتَجَوِّلِينَ لأَنَّ الْحَشَرَاتِ تَحُطُّ عَلَيْهِ وَتَنْقُلُ الْجَرَاثِيمَ إِلَى الشَّخْصِ الَّذِي يَتَنَاوَلُهُ فَتُسَبِّبُ لَهُ الأَمْرَاضَ.

وَقَدْ شُفِيتُ سَرِيعًا، وَلَكِنْ بَقِي هَذَا الْحَادِثُ فِي ذِهْنِي دَرْسًا لَنْ أَنْسَاهُ.

اَلْمُفْرَداتُ:

教训	دَرْسٌ جـ دُرُوسٌ
停住，站住；停止	تَوَقَّفَ تَوَقُّفًا
充足的，丰富的，多的	مُتَوَفِّرٌ
一块；一截	قِطْعَةٌ جـ قِطَعٌ
装满，充满	اِمْتَلَأَ اِمْتِلَاءً بِكَذَا
饮料；酒；药水	شَرَابٌ جـ أَشْرِبَةٌ
所购之物，买的东西	مُشْتَرًى جـ مُشْتَرَيَاتٌ
裸露的，打开的，无遮盖的，露天的	مَكْشُوفٌ
迅速的，很快的	مُسْرِعٌ / سَرِيعٌ
（鸟）落在，停栖	حَطَّ يَحُطُّ حَطًّا (الطائرُ)
流动商贩	بَائِعٌ مُتَجَوِّلٌ

اَلْمُنَاقَشَةُ:

١) إِلَى أَيْنَ خَرَجَ الْكَاتِبُ ذَاتَ مَرَّةٍ ؟

٢) مَاذَا اشْتَرَى الْكَاتِبُ مِنْ بَائِعٍ مُتَجَوِّلٍ ؟

٣) مَاذَا حَدَثَ لِلْكَاتِبِ فِي الْمَسَاءِ ؟

٤) مَاذَا فَعَلَتْ أُمُّ الْكَاتِبِ عِنْدَمَا عَرَفَتْ أَنَّ ابْنَهَا أُصِيبَ بِأَلَمٍ شَدِيدٍ فِي الْبَطَنِ ؟

٥) مَاذَا اقْتَرَحَ الطَّبِيبُ لِلْكَاتِبِ ؟

٦) مَا هُوَ السَّبَبُ الَّذِي أَدَى إِلَى مَرَضِ الْكَاتِبِ ؟

第八课　难忘的教训

有一次，我提着一个小篮子去市场，那里的货品琳琅满目，应有尽有。当篮子装满时，我便提着篮子赶紧回家。途中看到一个小贩在卖糖果，我停下来，买了一块吃。

晚上，我感到肚子很痛，便把吃糖果的事告诉了妈妈，她叫来了邻居，他是一个医生，给我开了一济汤药。他说：“不要吃小贩那些无遮无盖的食品，因为虫子会落在上面，把细菌传播给吃这些食品的人，使他生病。"

  我很快就好了，但这件事在我的心中是一次永不会忘记的教训。

اَلدَّرْسُ التَّاسِعُ

دَرْسٌ فِي الْجُغْرَافِيَا

هَذِهِ خَارِطَةُ الْعَالَمِ. وَالْعَالَمُ يَتَكَوَّنُ مِنَ الْمِيَاهِ وَالْيَابِسَةِ. تَتَكَوَّنُ الْيَابِسَةُ مِنَ الْقَارَّاتِ السَّبْعِ: قَارَّةِ آسِيَا وَقَارَّةِ أَفْرِيقِيَا وَقَارَّةِ أُورُبَّا وَقَارَّةِ أَمْرِيكَا الشِّمَالِيَّةِ وَقَارَّةِ أَمْرِيكَا الْجَنُوبِيَّةِ وَقَارَّةِ أُوقِيَانُوسِيَا وَالْقَارَّةِ الْقُطْبِيَّةِ الْجَنُوبِيَّةِ.

وَتَتَكَوَّنُ الْمِيَاهُ مِنَ الْمُحِيطَاتِ الْأَرْبَعَةِ: اَلْمُحِيطِ الْهَادِئِ وَالْمُحِيطِ الْأَطْلَنْطِيِّ وَالْمُحِيطِ الْهِنْدِيِّ وَالْمُحِيطِ الْمُتَجَمِّدِ الشَّمَالِيِّ.

هَذِهِ الدُّوَلُ الْعَرَبِيَّةُ، وَيَبْلُغُ عَدَدُهَا أَكْثَرَ مِنْ عِشْرِينَ دَوْلَةً، بَعْضُهَا يَقَعُ فِي غَرْبِيِّ آسِيَا وَالْبَعْضُ الْآخَرُ يَقَعُ فِي شِمَالِيِّ أَفْرِيقِيَا.

وَهَذَا هُوَ وَطَنُنَا الْعَزِيزُ جُمْهُورِيَّةُ الصِّينِ الشَّعْبِيَّةُ.

تَقَعُ الصِّينُ فِي شَرْقِيِّ آسِيَا، إِنَّهَا دَوْلَةٌ كَثِيرَةُ السُّكَّانِ، مُتَرَامِيَةُ الْأَطْرَافِ، غَنِيَّةُ الثَّرَوَاتِ، مُعْتَدِلَةُ الْجَوِّ. وَفِيهَا أَنْهَارٌ طَوِيلَةٌ وَجِبَالٌ عَالِيَةٌ وَسُهُولٌ وَاسِعَةٌ، وَلَهَا جُزُرٌ كَثِيرَةٌ، أَكْبَرُهَا جَزِيرَةُ تَايْوَانَ، وَهِيَ جُزْءٌ لَا يَتَجَزَّأُ مِنْ أَرْضِنَا الْمُقَدَّسَةِ.

اَلْمُفْرَدَاتُ:

خَارِطَةٌ جـ خَوَارِطُ/ خَرِيطَةٌ	地图
اَلْمُحِيطُ الهَادِئُ (البَاسِيفِيك)	太平洋
تَكَوَّنَ تَكَوُّنًا من كذا	由……构成，由……组成
اَلْمُحِيطُ الأَطْلَنْطِيُّ	大西洋
يَابِسَةٌ	陆地，大陆
اَلْمُحِيطُ الهِنْدِيُّ	印度洋
اَلْمُحِيطُ المُتَجَمِّدُ الشَّمَالِيُّ	北冰洋
أَمْرِيكَا	美洲；美国
كَثِيرَةُ السُكَّانِ	人口众多的
قَارَّةُ أَمْرِيكَا الشَّمَالِيَّةِ	北美洲
مُتَرَامِيَةُ الأَطْرَافِ	幅员辽阔的
قَارَّةُ أَمْرِيكَا الْجَنُوبِيَّةِ	南美洲
غَنِيَّةُ الثَّرَوَاتِ	资源丰富的
قَارَّةُ أوقِيَانُوسِيَا	大洋洲

اَلدَّرْسُ التَّاسِعُ   دَرْسٌ فِي الْجُغْرَافِيَا

اَلْقَارَّةُ الْقُطْبِيَّةُ الْجَنُوبِيَّةُ	南极洲
مُعْتَدِلَةُ الْجَوِّ	气候适中的，气候温和的
مُحِيطٌ جـــ مُحِيطَاتٌ	大洋，海洋
جَزِيرَةٌ جـــ جُزُرٌ	岛，岛屿
سَهْلٌ جـــ سُهُولٌ	平原
تَجَزَّأَ تَجَزُّؤًا	分割
جَزِيرَةُ تَايْوَان	台湾岛
مُقَدَّسٌ	神圣的

اَلْمُنَاقَشَةُ:

١) كَمْ قَارَّةً يَتَكَوَّنُ مِنْهَا الْعَالَمُ؟ وَمَا هِيَ؟

٢) كَمْ مُحِيطًا تَتَكَوَّنُ مِنْهَا مِيَاهُ الْعَالَمِ؟ وَمَا هِيَ؟

٣) كَمْ عَدَدُ الدُّوَلِ الْعَرَبِيَّةِ؟ وَمَا هِيَ؟

٤) أَيْنَ تَقَعُ الدُّوَلُ الْعَرَبِيَّةُ؟

٥) أَيْنَ تَقَعُ جُمْهُورِيَّةُ الصِّينِ الشَّعْبِيَّةُ؟

٦) تَحَدَّثْ قَلِيلاً عَنْ جَزِيرَةِ تَايْوَان؟

第九课　地　理　课

　　这是世界地图。世界由海洋和陆地组成,陆地包括七大洲:亚洲、非洲、欧洲、北美洲、南美洲、大洋洲和南极洲。

　　海洋包括四大洋:太平洋、大西洋、印度洋和北冰洋。

　　这些是阿拉伯国家,共20多个,有的在西亚,有的在北非。

　　这是我们亲爱的祖国中华人民共和国。

　　中国位于东亚,是一个人口众多、幅员辽阔、物产丰富、气候温和的国家。有大河、高山和广阔的平原。还有许多岛屿,最大的是台湾岛,它是我们神圣领土不可分割的一部分。

اَلدَّرْسُ الْعَاشِرُ

هَلْ تَعْرِفُنِي ؟

هَلْ تَعْرِفُنِي؟

أَنَا صَغِيرَةٌ وَكَبِيرَةٌ، لاَ أَنَامُ فِي اللَّيْلِ وَلاَ فِي النَّهَارِ. لَيْسَ لِي فَمٌ وَلاَ لِسَانٌ، وَلَكِنِّي أَتَكَلَّمُ، فَيَسْمَعُ النَّاسُ كَلاَمِي.

أَقُولُ لِلتِّلْمِيذِ: اذْهَبْ إِلَى الْمَدْرَسَةِ، فَيَذْهَبُ إِلَيْهَا بِسُرْعَةٍ لِطَلَبِ العِلْمِ.

أَقُولُ لِلْعَامِلِ: أَسْرِعْ إِلَى الْمَصْنَعِ، فَيُسْرِعُ إِلَى عَمَلِهِ لإِنْتَاجِ مَا يَحْتَاجُ إِلَيْهِ النَّاسُ.

أَقُولُ لِلْفَلاَّحِ: اِذْهَبْ إِلَى الْحَقْلِ، فَيَذْهَبُ وَيَحْرِثُ الأَرْضَ وَيَزْرَعُهَا ثُمَّ يَحْصُدُ الْمَزْرُوعَاتِ.

أَقُولَ لِمُوَظَّفِ الدُّكَّانِ: اِفْتَحِ البابَ، فَقَدْ حَانَ مَوْعِدُ الشِّرَاءِ وَالْبَيْعِ، فَيَفْتَحُهُ فَوْرًا وَيَسْتَقْبِلُ الزَّبَائِنَ مُبْتَسِمًا.

كُلُّ وَاحِدٍ يَسْمَعُ كَلاَمِي إِذَا قُلْتُ تِكْ تِكْ تِكْ تِكْ ...

فَهَلْ تَعْرِفُنِي؟

اَلْمُفْرَدَاتُ:

أَسْرَعَ إِسْرَاعًا إلى ...	赶快，迅速
حَانَ يَحِينُ حَيْنًا الوقتُ	（时间）到了
حَرَثَ ـِ ـُ حَرْثًا الأرضَ	耕地，犁地
زَرَعَ ـَ زَرْعًا الشيءَ	种植，栽培
شِرَاءٌ	买，购买
مَوْعِدٌ جـ مَوَاعِدُ	规定的时间，约会
فَوْرًا / حَالاً	立即，马上
حَصَدَ ـُ حِصَادًا الزَرْعَ	收割，收获
زَبُونٌ جـ زَبَائِنُ	顾客
مَزْرُوعٌ جـ مَزْرُوعَاتٌ	庄稼，农作物

اَلْمُنَاقَشَةُ:

١) صِفْ (صِفِي) خَصَائِصَ السَّاعَةِ ؟

٢) مَتَى تَقُولُ السَّاعَةُ لِلتِّلْمِيذِ : اِذْهَبْ إِلَى الْمَدْرَسَةِ ؟

٣) لِمَاذَا يُسْرِعُ الْعَامِلُ إِلَى الْمَصْنَعِ بَعْدَ سَمْعِ صَوْتِ السَّاعَةِ ؟

٤) مَاذَا يَعْمَلُ الْفَلاَّحُ فِي الْحَقْلِ ؟

٥) كَيْفَ يَسْتَقْبِلُ مُوَظَّفُ الدُّكَّانِ الزَّبَائِنَ عِنْدَ فَتْحِ الْبَابِ ؟

第十课　你认识我吗?

你认识我吗?

我既小又大，昼夜不眠，无嘴无头，却能说话，而且大家都听我的。

我对学生说："去上学吧!"他就赶快去学校求知识。

我对工人说："快去工厂吧!"他就赶快去上班，生产人们所需的东西。

我对农民说："下地吧!"他就去犁地、栽种和收割。

我对店员说："开门吧，买卖的时间到了!"他就马上开门，笑迎顾客。

每个人都听我的话，如果我说滴答、滴答、滴答……

你认识我了吗?

اَلدَّرْسُ الْحَادِيَ عَشَرَ

اَلشَّمْسُ

أُنْظُرْ إلَى أَعْلَى. أُنْظُرْ إِلَى السَّمَاءِ تَجِدْ فِيهَا الشَّمْسَ عَالِيَةً وَبَعِيدَةً جِدًّا. إِنَّهَا أَعْلَى مِنْ كُلِّ شَيْءٍ.

مَاذَا تَعْمَلُ الشَّمْسُ ؟

إِنَّهَا تُعْطِينَا الْحَرَارَةَ، فَهِيَ تُشْرِقُ فِي الصَّبَاحِ وَتَجْعَلُنَا نُحِسُّ بِالدِّفْءِ، وَتَشْتَدُّ حَرَارَتُهَا فِي الصَّيْفِ ظُهْرًا، فَنَشْعُرُ بِالْحَرِّ الشَّدِيدِ، وَيَنْزِلُ العَرَقُ عَلَى وُجُوهِنَا.

وَالشَّمْسُ تُعْطِينَا الضَّوْءَ، هَلْ رَأَيْتَ أَشِعَّةَ الشَّمْسِ إِذَا جَلَسْتَ فِي غُرْفَةٍ بِهَا نَافِذَةٌ مَفْتُوحَةٌ، وَكَانَتِ الشَّمْسُ مُشْرِقَةً. فَإِنَّكَ تَرَى خُيُوطًا مِنَ النُّورِ تَدْخُلُ الْغُرْفَةَ. وَهَذِهِ الْخُيُوطُ هِيَ أَشِعَّةُ الشَّمْسِ.

أُمِّي تُحِبُّ أَشِعَّةَ الشَّمْسِ، وَتَفْتَحُ نَوَافِذَ الْبَيْتِ كُلَّ صَبَاحٍ لِتَدْخُلَ أَشِعَّةُ الشَّمْسِ تَقْتُلُ الْجَرَاثِيمَ الَّتِي تُسَبِّبُ الأَمْرَاضَ.

اَلْمُفْرَدَاتُ:

أَعْلَى م عُلْيَا	最高的，较高的
أَعْلَى مِنْ	较……高，比……高，比……更高，比……还高
شُعَاعٌ جـ أَشِعَّةٌ	光线，阳光
مُشْرِقٌ م مُشْرِقَةٌ	光亮的，照耀的，光辉的
مَفْتُوحٌ م مَفْتُوحَةٌ	（被）打开的，开着的
أَشْرَقَتِ الشَّمْسُ	太阳升起
خَيْطٌ جـ خُيُوطٌ	线
أَحَسَّ إِحْسَاسًا بكذا	感觉，察觉
قَتَلَهُ ـُ قَتْلاً	杀，杀死
دِفْءٌ	温暖，暖和
جُرْثُومَةٌ جـ جَرَاثِيمُ	细菌
اِشْتَدَّ يَشْتَدُّ اِشْتِدَادًا الشيءُ	变成强烈，变得厉害
سَبَّبَ تَسْبِيبًا كذا	引起，造成，招致

عَرَقٌ	汗, 汗水
مَرَضٌ جـ أَمْرَاضٌ	病，疾病
ضَوْءٌ جـ أَضْوَاءٌ	光，光线

اَلْمُنَاقَشَةُ:

١) مَاذَا تَعْمَلُ الشَّمْسُ ؟

٢) أَيْنَ تُوجَدُ الشَّمْسُ ؟

٣) مَا هِيَ الْخُيُوطُ مِنَ النُّورِ الَّتِي تَرَاهَا تَدْخُلُ الْغُرْفَةَ فِي أَيَّامٍ كَانَتِ الشَّمْسُ مُشْرِقَةً فِيهَا ؟

٤) لِمَاذَا يَجِبُ عَلَيْنَا أَنْ نَفْتَحَ النَّوَافِذَ لِتَدْخُلَ أَشِعَّةُ الشَّمْسِ دَائِمًا؟

第十一课　太　阳

往高处看，看天上，你会发现太阳又高又远，比什么都高。

太阳在做什么？

它给予我们热量，早上升起，使我们感到温暖，夏天，

اَلدَّرْسُ الْحَادِيَ عَشَرَ   اَلشَّمْسُ

晌午的太阳很毒，我们感到热辣辣的，脸上直淌汗。

太阳给予我们光明。你看见太阳光了吗？如果你坐在开着窗户的屋子里，外面阳光灿烂，那你就会看见一缕缕光线进入房间。这些光线就是太阳光。

我妈妈喜欢阳光，每天早晨她都要打开家里的窗户，让阳光进屋来，杀死致病的细菌。

اَلدَّرْسُ الثَّانِيَ عَشَرَ

الأَلْوَانُ

سَأَلَتْ مُعَلِّمَةُ الرَّسْمِ زَمِيلي سَلِيمًا:

- مَا هُوَ لَوْنُكَ الْمُفَضَّلُ؟

فَقَالَ سَلِيمٌ: اِنَّهُ الأَخْضَرُ لِأَنَّهُ لَوْنُ الأَشْجَارِ وَالْحُقُولِ.

وَسَأَلَتْ حَامِدًا عَنْ لَوْنِهِ الْمُفَضَّلِ فَقَالَ حَامِدٌ:

- اِنَّهُ الأَزْرَقُ، لِأَنَّهُ لَوْنُ النَّهْرِ وَالْبَحْرِ وَالسَّمَاءِ.

وَسَأَلَتْنِي الْمُعَلِّمَةُ، فَقُلْتُ لَهَا:

- أُحِبُّ كُلَّ الأَلْوَانِ.

قَالَتِ الْمُعَلِّمَةُ: وَلِمَاذَا ؟

قُلْتُ: لِأَنِّي عِنْدَمَا أَرْسُمُ شَيْئًا، أَحْتَاجُ إِلَى كُلِّ الأَلْوَانِ: الأَخْضَرِ وَالأَصْفَرِ وَالأَبْيَضِ وَالأَحْمَرِ وَالأَسْوَدِ... فَهَذِهِ الأَلْوَانُ تُكَوِّنُ اللَّوْحَةَ الْجَمِيلَةَ الَّتِي تَظْهَرُ فِيهَا الشَّجَرَةُ الْجَمِيلَةُ وَالنَّهْرُ الْبَدِيعُ وَالأَرْضُ الْخِصْبَةُ...

وَعِنْدَ ذَلِكَ قَالَتِ الْمُعَلِّمَةُ:

- هَذَا صَحِيحٌ، إِنَّ كُلَّ الأَلْوَانِ ضَرُورِيَّةٌ لِرَسْمِ اللَّوْحَةِ الْجَمِيلَةِ الَّتِي نُرِيدُهَا فَلاَ بِالأَخْضَرِ وَحْدَهُ نَرْسُمُ الشَّجَرَةَ الْجَمِيلَةَ وَلاَ بِالأَزْرَقِ وَحْدَهُ نَرْسُمُ النَّهْرَ الْبَدِيعَ.

اَلْمُفْرَدَاتُ:

لَوْنٌ جـ أَلْوَانٌ	颜色，色彩；种类
أَزْرَقُ م زَرْقَاءُ	蓝色的，青色的
مُفَضَّلٌ	喜欢的，看中的，选上的
نَهْرٌ جـ أَنْهَارٌ	河，河流
حَامِدٌ	哈米德（男子名）
أَصْفَرُ م صَفْرَاءُ	黄色的
أَبْيَضُ م بَيْضَاءُ	白色的
أَحْمَرُ جـ حَمْرَاءُ	红色的
أَسْوَدُ م سَوْدَاءُ	黑色的
بَدِيعٌ	美妙的，优美的

خِصْبٌ	肥沃的，富饶的
لَوْحَةٌ	图画，一幅画
ضَرُورِيٌّ	必需的，必要的

اَلْمُنَاقَشَةُ:

١) مَا هُوَ السُّؤَالُ الَّذِي طَرَحَتْهُ مُعَلِّمَةُ الرَّسْمِ عَلَى التَّلَامِيذِ ؟

٢) مَا هُوَ جَوَابُ سَلِيمٍ ؟

٣) مَا هُوَ جَوَابُ حَامِدٍ ؟

٤) كَيْفَ أَجَابَ الْكَاتِبُ الْمُعَلِّمَةَ عَنْ سُؤَالِهَا ؟

٥) هَلْ رَضِيَتِ الْمُعَلِّمَةُ عَنْ إِجَابَةِ الْكَاتِبِ ؟ وَلِمَاذَا ؟

٦) مَا هُوَ اللَّوْنُ الَّذِي تُفَضِّلُ أَنْتَ ؟ وَلِمَاذَا ؟

第十二课 颜 色

图画老师问我的同学赛里姆："你喜欢什么颜色？"

赛里姆说："绿色，因为它是树木和田野的颜色。"

اَلدَّرْسُ الثَّانِيَ عَشَرَ   الأَلْوَانُ

老师问哈米德喜欢的颜色，哈米德说："蓝色，因为它是河流、大海和天空的颜色。"

老师又问我，我对她说："我喜欢所有的颜色。"

老师说："为什么？"

我说："因为当我画一样东西时，我需要所有的颜色：绿的、黄的、白的、红的、黑的……这些颜色构成了美丽的图画：美丽的树木、美妙的河流、肥沃的土地……"

这时老师说："这是正确的，要画一幅我们所要的美丽图画，各种颜色都是必要的，因为我们不能只用绿色就画出美丽的树木，也不能只用蓝色就画出美丽的河流。"

اَلدَّرْسُ الثَّالِثَ عَشَرَ

اَلْبِتْرُولُ

اَلْبِتْرُولُ الْخَامُ سَائِلٌ كَثِيفٌ أَسْوَدُ نَسْتَخْرِجُهُ مِنْ تَحْتِ سَطْحِ الأَرْضِ، وَيَتِمُّ تَكْرِيرُهُ بِوَضْعِهِ فِي خزَانَاتٍ كَبِيرَةٍ وَتَسْخِينُهُ إِلَى دَرَجَاتٍ حَرَارِيَّةٍ مُعَيَّنَةٍ.

وَنَسْتَخْرِجُ مِنَ الْبِتْرُولِ الْخَامِ اَلْبَنْزِينَ لِلطَّائِرَاتِ والسَّيَّارَاتِ وَالْمَازُوتَ لِلسَّيَّارَاتِ الْكَبِيرَةِ وَالْقَاطِرَاتِ وَالْبِتْرُولَ لِلتَّدْفِئَةِ وَالإِنَارَةِ كَمَا نَصْنَعُ مِنَ الْبِتْرُولِ اَلْبلاَسْتِيكَ وَالْمَطَاطَ وَالأَقْمِشَةَ وَالأَلْوَانَ وَغَيْرَ ذَلِكَ.

وَلِلْبِتْرُولِ أَهَمِّيَّةٌ اِقْتِصَادِيَّةٌ كَبِيرَةٌ، فَهُوَ يُسَهِّلُ النَّقْلَ الْبَرِّيَّ وَالْبَحْرِيَّ وَالْجَوِّيَّ وَإِدَارَةَ الآلاَتِ الْمُسْتَخْدَمَةِ فِي الزِّرَاعَةِ وَالْمَصَانِعِ. وَيَعْمَلُ فِي صِنَاعَتِهِ عَدَدٌ كَبِيرٌ مِنَ الْعُمَّالِ. كَمَا أَنَّ لِلْبِتْرُولِ أَهَمِّيَّةً اِسْتِرَاتِيجِيَّةً كَبِيرَةً، فَهُوَ ضَرُورِيٌّ فِي الْحَرْبِ، بِهِ تَعْمَلُ السَّيَّارَاتُ وَالدَّبَابَاتُ وَالطَّائِرَاتُ، لِذَا نُسَمِّي الْبِتْرُولَ الذَّهَبَ الأَسْوَدَ.

اَلْمُفْرَدَاتُ:

خَامٌ	原料；素材
مَطَّاطٌ	橡胶;胶皮
البِتْرُولُ الْخَامُ	原油
البَلاسْتِيكُ	塑料
سَائِلٌ	流动的；液体
كَثِيفٌ م كَثِيفَةٌ	浓的，稠的
أَهَمِّيَّةٌ	重要性
تَمَّ – تَمَامًا الشيءُ	完成，结束
اِقْتِصَادِيٌّ م اِقْتِصَادِيَّةٌ	经济的
كَرَّرَ تَكْرِيراً الشيءَ	提炼
سَهَّلَ تَسْهِيلاً الأمرَ	使……方便，使……容易
مُعَيَّنٌ	特定的，一定的
نَقْلٌ	运输
بَنْزِينٌ	汽油

بَرِّيٌّ	陆地的，陆上的
مَازُوتٌ	柴油
اِسْتِرَاتِيجِيَّةٌ	战略
إِنَارَةٌ	照明；点灯
دَبَّابَةٌ جـ دَبَّابَاتٌ	坦克

اَلْمُنَاقَشَةُ:

١) مِنْ أَيْنَ نَسْتَخْرِجُ الْبِتْرُولَ الْخَامَ ؟

٢) كَيْفَ يَتِمُّ تَكْرِيرُ الْبِتْرُولِ الْخَامِ ؟

٣) مَاذَا نَسْتَخْرِجُ مِنَ الْبِتْرُولِ الْخَامِ ؟

٤) مَاذَا نَصْنَعُ مِنَ الْبِتْرُولِ ؟

٥) مَا هِيَ الأَهَمِّيَّةُ الاِقْتِصَادِيَّةُ لِلْبِتْرُولِ ؟

٦) مَا هِيَ الأَهَمِّيَّةُ الاِسْتِرَاتِيجِيَّةُ لِلْبِتْرُولِ ؟

第十三课　石　油

　　原油是我们从地下开采出来的一种浓稠的黑色液体，它被放到大炼油罐加热到一定的温度进行提炼。

　　我们可以从原油中提取供飞机、汽车使用的汽油、供大型汽车和火车使用的柴油，以及供取暖和照明使用的燃油，还可用石油制造塑料、橡胶、布料、颜料以及其他东西。

　　石油有重大的经济意义，它方便了海陆空交通，转动了工厂和农用机械。有大量的工人从事石油工业。石油还有重要的战略意义，它是战争的必需物资。汽车、坦克和飞机都靠它运转。所以我们称石油为"黑色的金子"。

اَلدَّرْسُ الرَّابِعَ عَشَرَ

اَلأُكْسِيجِينُ

لاَ يَسْتَطِيعُ أَيُّ إِنْسَانٍ أَنْ يَعِيشَ بِلاَ أُكْسِيجِينَ إِلاَّ بِضْعَ دَقَائِقَ فَقَطْ. وَنَحْصُلُ عَلَى الأُكْسِيجِينِ مِنَ الْهَوَاءِ الَّذِي نَسْتَنْشِقُهُ، فَالأُكْسِيجِينُ أَحَدُ غَازَاتِ الْهَوَاءِ وَهُوَ خُمْسُهُ تَقْرِيبًا. وَهُوَ كَغَيْرِهِ مِنْ غَازَاتِ الْهَوَاءِ لاَ يُرَى. وَالأُكْسِيجِينُ غَازٌ يَدْخُلُ فِي كَثِيرٍ مِنَ الْمَوَادِّ وَهُوَ مَوْجُودٌ فِي كَثِيرٍ مِنَ الأَشْيَاءِ الْمَعْرُوفَةِ كَالزُّبْدَةِ وَالسُّكَّرِ وَالْمَاءِ وَالْقُطْنِ، وَفِي كَثِيرٍ مِنَ الصُّخُورِ.

إِنَّ كُلَّ الْحَيَوَانَاتِ وَالنَّبَاتَاتِ تَسْتَنْشِقُ الأُكْسِيجِينَ، فَتَسْتَهْلِكُ كَمِّيَّةً كَبِيرَةً مِنْهُ، كَمَا أَنَّ النِّيرَانَ تَسْتَهْلِكُ الأُكْسِيجِينَ فِي اشْتِعَالِهَا، إِذَنْ لِمَاذَا يَظَلُّ الأُكْسِيجِينُ مَوْجُودًا فِي الْجَوِّ ؟ يَظَلُّ الأُكْسِيجِينُ مَوْجُودًا فِي الْجَوِّ لأَنَّ النَّبَاتَاتِ تُعْطِي فِي النَّهَارِ كَمِّيَّةً مِنَ الأُكْسِيجِينِ تَزِيدُ عَلَى مَا تَسْتَهْلِكُهُ فِي اللَّيْلِ.

لِهَذَا كَانَتْ زِرَاعَةُ الأَشْجَارِ فِي الْمُدُنِ الْكَبِيرَةِ ضَرُورِيَّةً جِدًّا لِلصِّحَّةِ الْعَامَّةِ.

اَلْمُفْرَدَاتُ:

أُكْسِيجِينُ	氧气
اِسْتَنْشَقَ اِسْتِنْشَاقًا الهواءَ	吸入，吸收
غَازٌ جـ غَازَاتٌ	气体，瓦斯；煤气（液化石油的俗称）
زُبْدَةٌ	黄油
صَخْرٌ جـ صُخُورٌ	岩石
اِسْتَهْلَكَ اِسْتِهْلاَكًا الشيءَ	消耗，消费
نَارٌ جـ نِيرَانٌ	火（阴性）
اِشْتَعَلَ اِشْتِعَالاً الشيءُ	燃烧，燃起

اَلْمُنَاقَشَةُ:

١) مِنْ أَيْنَ نَحْصُلُ عَلَى الأُكْسِيجِينِ ؟

٢) هَلْ يُمْكِنُ لِلأُكْسِيجِينِ أَنْ يَدْخُلَ فِي الْمَوَادِّ الأُخْرَى ؟

٣) فِي أَيِّ أَشْيَاءَ مَعْرُوفَةٍ يُوجَدُ الأُكْسِيجِينُ ؟

٤) لاَ تَحْتَاجُ النَّبَاتَاتُ إِلَى الأُكْسِيجِينِ، هَلْ هَذَا صَحِيحٌ ؟

٥) هَلْ يُمْكِنُ أَنْ تَشْتَعِلَ النِّيرَانُ بِدُونِ الأُكْسِيجِينِ ؟

٦) لِمَاذَا يَظَلُّ الأُكْسِيجِينُ مَوْجُودًا فِي الْجَوِّ ؟

第十四课 氧 气

　　任何人在没有氧气的情况下只能生存几分钟。我们从吸入的空气中获取氧气，因为氧气是空气中的一种气体，大约占空气的五分之一。它和空气中的其他气体一样都是看不见的。氧是一种可以进入许多物质的气体，它存在于人们所熟知的许多物质中，例如：黄油、糖、水和棉花，以及许多岩石里。

　　所有的动植物都要呼吸氧气，消耗大量的氧气。同样，火在燃烧时也要消耗氧气。既然如此，为什么空气中还一直有氧气呢？那是因为植物在白天提供氧的数量多于其夜间的消耗。

　　因此，在大城市植树对公共卫生十分必要。

اَلدَّرْسُ الْخَامِسَ عَشَرَ

مَطْعَمُنَا

يَقَعُ مَطْعَمُنَا بِجَانِبِ قَاعَةِ الِاجْتِمَاعَاتِ، وَهُوَ مَطْعَمٌ كَبِيرٌ نَظِيفٌ، فِيهِ مَوَائِدُ وَرُفُوفٌ وَصَنَابِيرُ.

نَتَنَاوَلُ فِي هَذَا الْمَطْعَمِ ثَلَاثَ وَجَبَاتٍ كُلَّ يَوْمٍ: اَلْفُطُورَ وَالْغَدَاءَ وَالْعَشَاءَ. فَنُفْطِرُ فِي السَّابِعَةِ وَالرُّبْعِ صَبَاحًا، وَنَتَغَدَّى فِي الثَّانِيَةَ عَشْرَةَ ظُهْرًا، وَنَتَعَشَّى فِي السَّادِسَةِ مَسَاءً.

نَأْكُلُ فِي الْفُطُورِ الْخُبْزَ وَالطُّرْشِي وَالْبَيْضَ أَوِ الْمُرَبَّى، وَنَشْرَبُ اللَّبَنَ أَوِ الْحَسَاءَ مِنَ الْأُرْزِ. أَمَّا فِي الْغَدَاءِ وَالْعَشَاءِ فَنَأْكُلُ الْأُرْزَ وَالْخُبْزَ وَاللَّحْمَ وَالسَّمَكَ وَالْخَضْرَاوَاتِ، مِثْلَ الْبَاذِنْجَانِ وَالطَّمَاطِمِ وَالْكُرُنْبِ وَالْخِيَارِ وَالْبَطَاطِسِ وَالْفُجْلِ وَالسَّبَانِخِ وَالْقَرْنَبِيطِ..

اَلطَّبَّاخُونَ وَالطَّبَّاخَاتُ فِي الْمَطْعَمِ يَعْمَلُونَ بِجِدٍّ وَنَشَاطٍ، وَيَعْتَنُونَ بِصِحَّتِنَا كَثِيرًا، فَيُعِدُّونَ لَنَا الْأَطْعِمَةَ الشَّهِيَّةَ اللَّذِيذَةَ.

وَفِي أَوْقَاتِ الرَّاحَةِ نَذْهَبُ إِلَى الْمَطْعَمِ دَائِمًا لِنُسَاعِدَ الطَّبَّاخِينَ عَلَى غَسْلِ الْخَضْرَاوَاتِ أَوْ تَنْظِيفِ الْمَطْعَمِ.

اَلْمُفْرَدَاتُ:

اِجْتِمَاعٌ جـ اِجْتِمَاعَاتٌ	会议
رَفٌّ جـ رُفُوفٌ	架子，壁架
صُنْبُورٌ جـ صَنَابِيرُ	水龙头
طُرْشِي	泡菜，酸菜
مُرَبَّى جـ مُرَبَّيَاتٌ	果酱
لَبَنٌ جـ أَلْبَانٌ	奶；牛奶
حَسَاءٌ	汤，羹汤
اَلْحَسَاءُ مِنَ الأُرْزِ	（大米）粥
خَضْرَاوَاتٌ أو خُضَارٌ	蔬菜
بَاذِنْجَانٌ	茄子
طَمَاطِمُ/ بَنْدُورَةُ (بَنَادُورَةُ)	西红柿，番茄

كُرُنْبٌ/ مَلْفُوفٌ	洋白菜，卷心菜
خِيَارٌ	黄瓜
بَطَاطِسٌ	土豆
فُجْلٌ	萝卜
سَبَانَخٌ أو اِسْبَانَخٌ	菠菜
قَرْنَبِيطٌ	菜花
شَهِيٌّ	可口的，好吃的

اَلْمُنَاقَشَةُ:

١) كَمْ وَجْبَةً تَتَنَاوَلُ فِي الْمَطْعَمِ كُلَّ يَوْمٍ ؟

٢) فِي أَيِّ سَاعَةٍ تُفْطِرُ صَبَاحًا ؟ ومَتَى تَتَغَدَّى ظُهْرًا وَتَتَعَشَّى مَسَاءً ؟

٣) مَاذَا تَأْكُلُ فِي الْفَطُورِ ؟

٤) مَاذَا تَأْكُلُ فِي الْغَدَاءِ وَالْعَشَاءِ ؟

٥) هَلْ تَعْرِفُ مَنْ يُعِدُّ لَكَ الأَطْعِمَةَ الشَّهِيَّةَ؟

第十五课 我们的食堂

我们的食堂在大礼堂边上，宽敞整洁，有餐桌、壁架和自来水龙头。

我们一日三餐：早饭、午饭和晚饭都在这个食堂里吃。早晨7点一刻吃早饭，中午12点吃午饭，晚上6点吃晚饭。

早饭吃面包、泡菜、鸡蛋或果酱，喝牛奶或粥，午饭和晚饭吃米饭、面包、肉、鱼和蔬菜，如茄子、西红柿、卷心菜、黄瓜、土豆、萝卜、菠菜和菜花。

食堂里的厨师勤奋工作，非常关心我们的健康，为我们准备美味可口的饭菜。

休息时间，我们常去食堂帮助厨师们洗菜和打扫食堂。

اَلدَّرْسُ السَّادِسَ عَشَرَ

اَلأَلْعَابُ الرِّيَاضِيَّةُ

شَاهَدَ سَامِي مُبَارَاةً فِي كُرَةِ الْقَدَمِ، جَرَتْ بَيْنَ فَرِيقِ مَدْرَسَتِهِ الرِّيَاضِيِّ وَفَرِيقٍ مِنْ مَدْرَسَةٍ أُخْرَى، بِحُضُورِ جُمْهُورٍ كَبِيرٍ مِنْ الطَّلَبَةِ.

وَكُلَّمَا أَحْرَزَ أَحَدُ الْفَرِيقَيْنِ هَدَفًا، تَعَالَتْ صَيْحَاتُ الْجَمَاهِيرِ بِفَرَحٍ وحَمَاسٍ. وَلَكِنَّ الْفَرِيقَيْنِ أَنْهَيَا الْمُبَارَاةَ بِالتَّعَادُلِ، لاَ غَالِبٌ وَلاَ مَغْلُوبٌ، وَتَصَافَحَ اللاَّعِبُونَ، وَصَفَّقَ لَهُمُ الْجَمِيعُ.

وَفِي الْمَسَاءِ أَخْبَرَ سَامِي وَالِدَهُ بِفَرَحٍ عَنِ الْمُبَارَاةِ الَّتِي شَاهَدَهَا، كَمَا طَلَبَ إِلَيْهِ أَنْ يُحَدِّثَهُ عَنْ أَنْوَاعِ الأَلْعَابِ الرِّيَاضِيَّةِ وَفَوَائِدِهَا. فَقَالَ الأَبُ: اِعْلَمْ يَا عَزِيزِي، أَنَّ الأَلْعَابَ الرِّيَاضِيَّةَ الَّتِي شَاهَدْتَ نَوْعًا مِنْ أَنْوَاعِهَا اَلْيَوْمَ هِيَ سِتَّةُ أَنْوَاعٍ: (١) اللَّعِبُ بِالْكُرَاتِ (كُرَةِ الْقَدَمِ وَكُرَةِ السَّلَّةِ وَالْكُرَةِ الطَّائِرَةِ وَكُرَةِ الطَّاوِلَةِ وَكُرَةِ الرِّيشِ)، (٢) الجَرْيُ والقَفْزُ، (٣) السِّبَاحَةُ، (٤) الانْزِلاقُ عَلَى الثَّلْجِ، (٥) الْمُلاَكَمَةُ وَالْمُصَارَعَةُ،

(٦) صَيْدُ الطُّيُورِ والأسْمَاكِ.

وَلِجَميعِ هَذِهِ الأَنْوَاعِ مِنَ الأَلْعَابِ الرِّيَاضِيَّةِ أَنْظِمَتُهَا وَقَوَانِينُهَا، وَهِيَ تَعُودُ لِلإِنْسَانِ بِفَوَائِدَ صِحِّيَّةٍ وَأَخْلاقِيَّةٍ واجْتِمَاعِيَّةٍ.

سُرَّ سَامِي بِحَدِيثِ أَبِيهِ الْمُفِيدِ، وَشَكَرَهُ شُكْرًا جَزِيلاً.

اَلْمُفْرَدَاتُ:

شَاهَدَ مُشَاهَدَةً الشيءَ	观看
عَلِمَ ـَ عِلْمًا الأمرَ	知道
سَامِي	萨米（男子名）
ثَلْجٌ جـ ثُلُوجٌ	雪
فَرِيقٌ جـ فِرَقٌ	球队
اَلْمُلاكَمَةُ	拳击
جُمْهُورٌ جـ جَمَاهِيرُ	群众，民众
صَادَ ـِ صَيْدًا اَلْحَيَوَانَ أَوِ السَّمَكَ	渔猎；打猎；钓鱼
أَحْرَزَ إِحْرَازًا الشيءَ	获得，得到

اَلْمُصَارَعَةُ	摔跤
تَعَالَى يَتَعَالَى تَعَالِيًا (الصوتُ)	（声音）高起来，大起来，激昂起来
قَانُونٌ جـ قَوَانِينُ	法律；规则；规律
طَيْرٌ جـ طُيُورٌ	鸟，禽
أَخْلاَقِيٌّ	道德的，品德的
صَيْحَةٌ جـ صَيْحَاتٌ	呼叫声，呐喊
بِفَرَحٍ وحَمَاسٍ	愉快而热情地
اِجْتِمَاعِيٌّ	社会的
بِالتَّعَادُلِ	平局
غَالِبٌ	战胜者，征服者
تَصَافَحَ تَصَافُحًا القَوْمُ	互相握手
مَغْلُوبٌ	战败者，被征服者

اَلْمُنَاقَشَةُ:

١) بَيْنَ أَيِّ فَرِيقَيْنِ جَرَتِ الْمُبَارَاةُ الَّتِي شَاهَدَهَا سَامِي ؟

٢) مَنْ حَضَرَ هَذِهِ الْمُبَارَاةَ ؟

٣) مَا هُوَ رَدُّ فِعْلِ الْجَمَاهِيرِ كُلَّمَا أَحْرَزَ أَحَدُ الْفَرِيقَيْنِ هَدَفًا ؟

٤) كَيْفَ كَانَتْ نَتِيجَةُ الْمُبَارَاةِ ؟

٥) كَمْ نَوْعًا تَنْقَسِمُ إِلَيْهِ الأَلْعَابُ الرِّيَاضِيَّةُ ؟ وَمَا هُوَ ؟

٦) مَا هِيَ فَوَائِدُ الأَلْعَابِ الرِّيَاضِيَّةِ لِلإِنْسَانِ ؟

٧) أَيَّ نَوْعٍ مِنْ أَنْوَاعِ الأَلْعَابِ الرِّيَاضِيَّةِ تُحِبُّ أَكْثَرَ ؟

第十六课　体育运动

萨米观看了一场足球赛，比赛在他们学校的球队和另外一所学校的代表队之间进行，有很多学生来看比赛。

每当两队中有人进球，观众就欢快而热情地高声叫喊。但是两队以平手结束了比赛，不分胜负，运动员们相互握手，大家为他们鼓掌。

اَلدَّرْسُ السَّادِسَ عَشَرَ   اَلْأَلْعَابُ الرِّيَاضِيَّةُ

　　晚上，萨米高兴地把他看过的这场比赛告诉了父亲，并要求父亲给他讲讲各种体育运动及其益处。父亲说："你要知道，亲爱的，你今天看的是体育运动中的一种，体育运动有六种：（1）球类运动（足球、篮球、排球、乒乓球和羽毛球），（2）跑步和跳远、跳高，（3）游泳，（4）滑雪，（5）拳击和摔跤，（6）渔猎。

　　"所有这些体育运动都有自己的制度和规则，给人类的健康、品德和社会都带来了好处。"

　　听了父亲一席良言，萨米很高兴，十分感谢父亲。

اَلدَّرْسُ السَّابِعَ عَشَرَ

اَلْقَمْحُ

اَلْقَمْحُ هُوَ مِنْ أَهَمِّ النَّبَاتَاتِ الْغِذَائِيَّةِ، فَهُوَ وَالذُّرَةُ وَالرُّزُّ أَقْرِبَاءُ.

وَتُمْكِنُ زِرَاعَتُهُ فِي بُلْدَانٍ كَثِيرَةٍ جِدًّا مِنَ الْعَالَمِ، لِأَنَّ لَهُ أَصْنَافًا عَدِيدَةً فَهُنَاكَ أَصْنَافٌ تَحْتَاجُ إِلى الْمَاءِ أَكْثَرَ مِنْ غَيْرِهَا، وَأَصْنَافٌ تُقَاوِمُ الْحَرَارَةَ الزَّائِدَةَ وَكَذَلِكَ الْبُرُودَةَ الزَّائِدَةَ أَكْثَرَ مِنْ غَيْرِهَا. وَبَعْضُ الأَصْنَافِ تَنْمُو أَسْرَعَ مِنْ غَيْرِهَا. وَيُجْرِي الْعُلَمَاءُ تَجَارِبَ مُسْتَمِرَّةً لِإِيجَادِ أَنْوَاعٍ قَوِيَّةٍ مِنْهُ وَافِرَةِ الْمَحْصُولِ.

وَالْقَمْحُ الَّذِي يُزْرَعُ يَكُونُ بَعْضُهُ رَبِيعِيًّا، وَبَعْضُهُ شَتَوِيًّا. وَالرَّبِيعِيُّ هُوَ اَلَّذِي يُزْرَعُ فِي الرَّبِيعِ وَيُحْصَدُ فِي أَوَاخِرِ الصَّيْفِ، وَالشَّتَوِيُّ يُزْرَعُ فِي الْخَرِيفِ، ثُمَّ يُصْبِحُ صَالِحًا لِلْحَصَادِ فِي الرَّبِيعِ أَوِ الصَّيْفِ التَّالِي.

وَحُبُوبُ الْقَمْحِ هِيَ بُذُورٌ، نَصْنَعُ مِنْهَا الطَّحِينَ وَمِنْ هَذَا الطَّحِينِ نَصْنَعُ الْخُبْزَ وَالْكَعْكَ وَالْبَسْكَوِيتَ.

اَلْمُفْرَدَاتُ:

غِذَائِيٌّ	粮食的，有营养的
شَتَوِيٌّ	冬季的
زَائِدٌ	过分的，过多的
أَوَاخِرُ الصَّيْفِ	夏末
تَجْرِبَةٌ جـ تَجَارِبُ	试验，实验
بَذْرٌ جـ بُذُورٌ	种子
مُسْتَمِرَّةٌ	不断的，连续的
طَحِينٌ	面粉
أَوْجَدَ الشيءَ	创造，搞出
كَعْكٌ	糕点，点心
رَبِيعِيٌّ	春季的
بَسْكَوِيتٌ	饼干

اَلْمُنَاقَشَةُ:

١) هَلِ الْقَمْحُ مِنْ أَهَمِّ النَّبَاتَاتِ الْغِذَائِيَّةِ ؟ وَلِمَاذَا ؟

٢) مَا هُوَ مِنْ أَقْرِبَاءِ الْقَمْحِ ؟

٣) لِمَاذَا تُمْكِنُ زِرَاعَةُ الْقَمْحِ فِي بُلْدَانٍ كَثِيرَةٍ جِدًّا فِي الْعَالَمِ ؟

٤) وَضِّحْ (وَضِّحِي) لَنَا أَصْنَافَ الْقَمْحِ الْمُخْتَلِفَةَ ؟

٥) مَا الْفَرْقُ بَيْنَ الْقَمْحِ الرَّبِيعِيِّ وَالْقَمْحِ الشَّتَوِيِّ ؟

٦) مَا هِيَ الْعَلاَقَةُ بَيْنَ الْقَمْحِ وَالطَّحِينِ وَكُلٍّ مِنَ الْخُبْزِ وَالْكَعْكِ وَالْبِسْكَوِيتِ ؟

第十七课　小　麦

小麦是最重要的粮食作物之一，它和玉米、大米是近亲。

小麦可以在世界上很多国家种植，因为它有很多品种：一些品种需要更多的水，一些品种更能耐热，一些品种更能耐寒，一些品种生长较快。科学家们一直在进行试验，以培养出强壮丰产的小麦。

种植的小麦分春小麦和冬小麦。春小麦春播夏末

اَلدَّرْسُ السَّابِعَ عَشَرَ　اَلْقَمْحُ

收，冬小麦秋播来年春天或夏天收。

　　小麦为颗粒状，我们把它磨成面粉，再用面粉来做面包、糕点和饼干。

اَلدَّرْسُ الثَّامِنَ عَشَرَ

اَلرُّزُّ

تَنْتَشِرُ حُقُولُ الرُّزِّ فِي بَعْضِ بُلْدَانِ الْعَالَمِ. وَالرُّزُّ هُوَ الطَّعَامُ الرَّئِيسِيُّ لِشُعُوبِ الصِّينِ الْجَنُوبِيَّةِ وَالْيَابَانِ وَالْهِنْدِ وَالْفِيلِيبِين وَجَنُوبِ شَرْقِ آسِيَا.

إِنَّ الرُّزَّ طَعَامٌ مَعْرُوفٌ مُنْذُ الْقَدِيمِ، فَقَدْ بَدَأَتْ زِرَاعَتُهُ مُنْذُ أَكْثَرَ مِنْ أَرْبَعَةِ آلافِ سَنَةٍ.

الرُّزُّ يَحْتَاجُ إِلَى حَرَارَةٍ كَثِيرَةٍ وَمَاءٍ كَثِيرٍ. وَيَظَلُّ الْمَاءُ فِي حُقُولِ الرُّزِّ دَائِمًا حَتَى يَقْتَرِبَ وَقْتُ الْحَصَادِ.

إِنَّ الرُّزَّ الَّذِي نَشْتَرِيهِ لَيْسَ لَهُ قُشُورٌ، وَلِهَذَا يَكُونُ نَفْعُهُ أَقَلَّ، لِأَنَّ الْقُشُورَ تَحْتَوِي عَلَى بَعْضِ الْمَعَادِنِ وَالْفِيتَامِينَاتِ.

يُسْتَخْرَجُ مِنَ الرُّزِّ أَنْوَاعٌ مِنَ الْمَشْرُوبَاتِ، وَيُصْنَعُ مِنْ قَشِّ الرُّزِّ الْوَرَقُ وَالقُبَّعَاتُ وَالأَحْذِيَةُ الصَّيْفِيَّةُ وَبَعْضُ الْحَاجَاتِ الْمَنْزِلِيَّةِ.

اَلْمُفْرَدَاتُ:

رُزٌّ/ أُرُزٌّ	稻，稻子；米，大米
اِنْتَشَرَ اِنْتِشَارًا الْخَبَرُ أَوْ غَيْرُهُ	分布，散布
رَئِيسيٌّ	主要的
اَلْيَابَانُ	日本
اَلْهِنْدُ	印度
اَلْفِلِبِينُ	菲律宾
مَعْرُوفٌ	众所周知的，大家熟悉的，著名的
قِشْرٌ جـ قُشُورٌ	皮，壳
اِحْتَوَى اِحْتِوَاءً عَلَى كَذَا	包含，含有
مَعْدِنٌ جـ مَعادِنُ	矿物质；金属
فِيتَامِينٌ جـ فِيتَامِينَاتٌ	维生素，维他命（旧称）
مَشْرُوبٌ جـ مَشْرُوبَاتٌ	饮料
قَشٌّ	干草；稻草

قُبَّعَةٌ جـ قُبَّعاتٌ	帽子
مَنْزِلِيٌّ	家庭的；家用的

اَلْمُنَاقَشَةُ:

١) مَا هِيَ الدُّوَلُ أَوِ الْمَنَاطِقُ الَّتِي تَتَغَذَّى شُعُوبُهَا الرُّزَّ كَطَعَامٍ رَئِيسِيٍّ ؟

٢) إِلَى مَتَى يَرْجَعُ تَارِيخُ زِرَاعَةِ الرُّزِّ ؟

٣) مَاذَا يَحْتَاجُ الرُّزُّ ؟

٤) عَلَى مَاذَا تَحْتَوِي قُشُورُ الرُّزِّ ؟

٥) مَاذَا يُسْتَخْرَجُ مِنَ الرُّزِّ ؟ وَمَاذَا يُصْنَعُ مِنْ قَشِّ الرُّزِّ ؟

第十八课　稻　子

稻田分布在世界上的一些国家，稻米是中国南方、日本、印度、菲律宾和东南亚人民的主要食粮。

稻米自古以来是大家熟知的食粮，早在四千多年前就开始种植。

稻子需要高气温和大量的水。一直到临近收割时节，稻田里都得有水。

因为稻壳含有一些矿物质和维生素，而我们所购买的大米是脱去稻壳的，因此营养有所流失。

稻子可以提取多种饮料，稻草可以造纸、织鞋帽和一些家庭用品。

اَلدَّرْسُ التَّاسِعَ عَشَرَ

اَلْهَوَاءُ

نَسْتَطِيعُ أَنْ نَعِيشَ بِلاَ طَعَامٍ أَوْ شَرَابٍ سَاعَاتٍ وَأَيَّامًا، وَلَكِنَّا لاَ نَسْتَطِيعُ أَنْ نَعِيشَ بِلاَ هَوَاءٍ أَكْثَرَ مِنْ دَقِيقَتَيْنِ أَوْ ثَلاَثِ دَقَائِقَ.

إِنَّ الْهَوَاءَ ضَرُورِيٌّ جِدًّا لِحَيَاةِ الإِنْسَانِ وَالْحَيَوَانِ وَالنَّبَاتِ، يَدْخُلُ الْهَوَاءُ إِلَى صُدُورِنَا فَيَمْلأُ الرِئَتَيْنِ، وَيُنَظِّفُ الدَّمَ، يَأْخُذُ مِنْهُ الكَرْبُونَ وَيُعْطِيهِ الأُكْسِيجِينَ.

فِي الْهَوَاءِ غُبَارٌ أَوْ دُخَانٌ يَدْخُلُ إِلَى الرِّئَتَيْنِ، فَلِهَذَا يَجِبُ أَنْ نَتَنَفَّسَ مِنَ الأَنْفِ لأَنَّ الأَنْفَ يُصَفِّي الْهَوَاءَ مِنَ الْغُبَارِ وَالدُّخَانِ...

يَفْسُدُ الْهَوَاءُ فِي الْغُرَفِ مِنَ الْغُبَارِ أَوْ مِنْ كَثْرَةِ السُّكَّانِ، فَلاَ يَصْلُحُ لِلتَّنَفُّسِ، بَلْ يَكُونُ ضَارًّا، لِذَلِكَ يَجِبُ أَنْ نَفْتَحَ النَّوَافِذَ لِتَجْدِيدِ الْهَوَاءِ. أَمَّا الأَمَاكِنُ الْعَامَّةُ وَالْحَدَائِقُ وَالْحُقُولُ وَالْجِبَالُ فَانَّ هَوَاءَهَا نَقِيٌّ صِحِّيٌّ، وَإِنَّ الذَّهَابَ إِلَى تِلْكَ الأَمَاكِنِ لِتَنَفُّسِ الْهَوَاءِ النَّقِيِّ وَالرِّيَاضَةِ مُفِيدٌ جِدًّا لِصِحَّةِ الإِنْسَانِ.

اَلْمُفْرَدَاتُ:

دَمٌ جـ دِمَاءُ	血，血液
صَفَّى تَصْفِيَةً الشيءَ	澄清，过滤
اَلْكَرْبُونُ	碳（这里指碳气，二氧化碳）
فَسَدَ ـُ فَسَادًا الشيءُ	腐败，腐烂，变坏；腐化，堕落
كَثْرَةٌ	多，大量
غُبَارٌ	灰尘，尘土，尘埃
سَاكِنٌ جـ سُكَّانٌ وسَاكِنُونَ	居住者，居民
دُخَانٌ	烟
صَلُحَ ـُ صَلاحًا وصَلاحِيَةً لكذا	适合，适于

اَلْمُنَاقَشَةُ:

١) كَمْ يَوْمًا نَسْتَطِيعُ أَنْ نَعِيشَ بِلاَ طَعَامٍ أَوْ شَرَابٍ ؟

٢) كَمْ دَقِيقَةً نَسْتَطِيعُ أَنْ نَعِيشَ بِلاَ هَوَاءٍ ؟

٣) كَيْفَ يَعْمَلُ الْهَوَاءُ فِي دَاخِلِ جِسْمِ الإِنْسَانِ ؟

٤) لِمَاذَا يَجِبُ عَلَيْنَا أَنْ نَتَنَفَّسَ مِنَ الأَنْفِ ؟

٥) لِمَاذَا يَجِبُ عَلَيْنَا أَنْ نَفْتَحَ النَّوَافِذَ أَحْيَانًا ؟

٦) لِمَاذَا الذَّهَابُ إِلَى الْحَدَائِقِ وَالْحُقُولِ وَالْجِبَالِ مُفِيدٌ جِدًّا لِصِحَّةِ الإِنْسَانِ ؟

第十九课　空　气

没有食物或水我们能够生活数小时、数天，但是没有空气，我们最多只能存活两三分钟。

空气对人和动植物的生命来说都是十分必要的。空气进入我们的胸部，充满肺脏，清洁血液，带走其中的二氧化碳，提供氧气。

空气中的烟尘会进入人的肺脏，因此我们应该用鼻子呼吸，因为鼻子可以过滤空气中的烟尘。

屋里的空气会因灰尘或人多而变得污浊，不适于呼吸，甚至对人体有害，所以应该打开窗户通风换气。公共场所、公园、田野和山间的空气洁净卫生，到这些地方去呼吸新鲜空气和运动对健康十分有益。

اَلدَّرْسُ الْعِشْرُونَ

اَلْمَاءُ فِي حَيَاتِنَا

نَشْرَبُ الْمَاءَ الْبَارِدَ أَوِ السَّاخِنَ عِنْدَمَا نَعْطَشُ.

نَغْسِلُ أَجْسَامَنَا وَثِيَابَنَا بِالْمَاءِ.

نَطْبُخُ طَعَامَنَا بِالْمَاءِ.

نُنَظِّفُ بُيُوتَنَا وَشَوَارِعَ مَدِينَتِنَا بِالْمَاءِ.

مِيَاهُ الأَمْطَارِ وَالثُّلُوجِ وَمِيَاهُ الأَنْهَارِ تَسْقِي الْحُقُولَ وَالْبَسَاتِينَ.

لاَ زِرَاعَةَ بِلاَ مَاءٍ.

وَالْمَعَامِلُ وَالسَّيَّارَاتُ وَالْقِطَارَاتُ تَحْتَاجُ إِلَى الْمَاءِ وَلاَ صِنَاعَةَ بِلاَ مَاءٍ.

الإِنْسَانُ وَالْحَيَوَانُ وَالنَّبَاتُ جَمِيعُهَا تَحْتَاجُ إِلَى الْمَاءِ.

لاَ حَيَاةَ عَلَى الأَرْضِ بِلاَ مَاءٍ.

إِنَّ الْبِحَارَ الْوَاسِعَةَ الْعَظِيمَةَ هِيَ الَّتِي تُقَدِّمُ إِلَيْنَا الْمَاءَ،

الشَّمْسُ تُحَوِّلُ قِسْمًا مِنْ مِيَاهِ الْبِحَارِ وَالأَنْهَارِ وَالْبُحَيْرَاتِ إِلَى بُخَارٍ،

الْبُخَارُ يَصْعَدُ إِلَى الْفَضَاءِ، ثُمَّ يَسْقُطُ مَطَرًا أَوْ ثَلْجًا.

فِي الْمَاضِي كَانَ النَّاسُ يَقُولُونَ: إِنَّ السَّمَاءَ هِيَ الَّتِي تُقَدِّمُ إِلَيْنَا الْمَاءَ.

وَلَكِنَّ الْعِلْمَ يَقُولُ أَنَّ الْمَاءَ يَصْعَدُ مِنْ مِيَاهِ الْبِحَارِ وَالْأَنْهَارِ وَالْبُحَيْرَاتِ.

اَلْمُفْرَدَاتُ:

渴，口渴	عَطِشَ — عَطَشًا فُلَانٌ
改造，改变，把……变成	حَوَّلَ تَحْوِيلًا الشَّيْءَ إِلَى كَذَا
火车，列车	قِطَارٌ جـ قِطَارَاتٌ
部分；部门	قِسْمٌ جـ أَقْسَامٌ
需要	اِحْتَاجَ إِلَى كَذَا
湖泊	بُحَيْرَةٌ جـ بُحَيْرَاتٌ
工业	صِنَاعَةٌ جـ صِنَاعَاتٌ
蒸汽	بُخَارٌ

اَلْمُنَاقَشَةُ:

١) مَاذَا نَفْعَلُ عِنْدَمَا نَعْطَشُ؟

ا̛لدَّرْسُ الْعِشْرُونَ   اَلْمَاءُ فِي حَيَاتِنَا

٢) بِمَ نَغْسِلُ أَجْسَامَنَا وَثِيَابَنَا ؟

٣) بِمَ نُنَظِّفُ بُيُوتَنَا وَشَوَارِعَ مَدِينَتِنَا ؟

٤) لِمَاذَا يَقُولُ النَّاسُ "لاَ زِرَاعَةَ بِلاَ مَاءٍ" ؟ وَلِمَاذَا يَقُولُ النَّاسُ "لاَ صِنَاعَةَ بِلاَ مَاءٍ" ؟

٥) وَضِّحْ (وَضِّحِي) لَنَا أَهَمِّيَّةَ الْمَاءِ فِي حَيَاتِنَا ؟

٦) قُلْ (قُولِي) لَنَا كَيْفَ يَتَحَوَّلُ الْمَاءُ إِلَى الْمَطَرِ أَوِ الثَّلْجِ ؟

第二十课　生活中的水

口渴时，我们喝凉水或温水。

我们用水洗澡和洗衣服。

我们用水做饭。

我们用水清洁屋子和城市街道。

雨水、雪水和河水灌溉农田和果园。

没有水就没有农业。

工厂、汽车、火车需要水，没有水就没有工业。

人、动物、植物都需要水。

没有水地球上就没有生命。

是浩瀚的海洋给我们提供水。

太阳将一部分海水、河水和湖水变成蒸汽。

蒸汽上升至空中,然后降下成为雨雪。

过去人们说:"是老天给了我们水。"

但是科学说:"水来自海洋、河流和湖泊。"

اَلدَّرْسُ الْحَادِي وَالْعِشْرُونَ

اِسْتَكْمِلْ غِذَاءَكَ

يَحْتَاجُ جِسْمُ الْإِنْسَانِ إِلَى مَجْمُوعَةٍ مِنَ الْمَوَادِّ الْغِذَائِيَّةِ الْمُخْتَلِفَةِ لِيَنْمُوَ، وَلِيَبْقَى دَائِمًا، وَلِيَنْشَطَ وَيَقْوَى عَلَى الْعَمَلِ.

وَتَتَوَافَرُ هَذِهِ الْمَوَادُّ فِي كَثِيرٍ مِنَ الْأَطْعِمَةِ: كَالْخُبْزِ وَالْفُولِ وَالْأُرُزِّ، وَاللَّبَنِ وَالزُّبْدِ وَالزَّيْتِ وَاللَّحْمِ وَالْبَيْضِ، وَالْفَاكِهَةِ.

فَإِذَا لَمْ يَتَنَاوَلِ الْإِنْسَانُ مِنْ هَذِهِ الْمَوَادِّ الْغِذَائِيَّةِ مَا يَحْتَاجُ إِلَيْهِ جِسْمُهُ ظَهَرَتْ عَلَيْهِ أَمْرَاضٌ سَبَّبَهَا نَقْصُ التَّغْذِيَةِ.

وَمِنْ هَذِهِ الْأَمْرَاضِ: جَفَافُ الْجِلْدِ الَّذِي يَحْدُثُ بِسَبَبِ نَقْصِ الْمَوَادِّ الدُّهْنِيَّةِ، وَشُحُوبُ اللَّوْنِ بِسَبَبِ نَقْصِ الْحَدِيدِ فِي الطَّعَامِ، وَتَسْوِيسُ الْأَسْنَانِ بِسَبَبِ نَقْصِ الْجِيرِ فِي الْغِذَاءِ، وَتَشَقُّقُ زَاوِيَةِ الْفَمِ وَالشِّفَتَيْنِ وَاللِّسَانِ، وَالْتِهَابُ جُفُونِ الْعَيْنِ لِنَقْصِ نَوْعٍ خَاصٍّ مِنَ الْغِذَاءِ فِيمَا نَأْكُلُهُ، وَخُمُولُ الْجِسْمِ وَضَعْفُهُ لِقِلَّةِ الْمَوَادِّ الزُّلَالِيَّةِ وَالدُّهْنِيَّةِ فِي الطَّعَامِ وَغَيْرِ ذَلِكَ.

وَيَسْتَطِيعُ الْإِنْسَانُ أَنْ يَتَّقِيَ هَذِهِ الْأَمْرَاضَ بِتَنَاوُلِ الْأَطْعِمَةِ الْمُنَاسِبَةِ:

فَمَرَضُ جَفَافِ الْجِلْدِ يُمْكِنُ اَلْوِقَايَةُ مِنْهُ بِتَنَاوُلِ الزُّبْدِ وَاللَّحْمِ السَّمِينِ وَالْبُنْدُقِ وَالقِّشْدَةِ وَالْجُبْنِ.

وَشُحُوبُ اللَّوْنِ يُمْكِنُ اَلْوِقَايَةُ مِنْهُ بِتَنَاوُلِ الْكَبْدِ وَالْخُضْرَوَاتِ وَالْبَطَاطِسِ وَالْبَيْضِ وَالْبَلِيلَةِ وَاللُّحُومِ.

وَتَسَوُّسُ الأَسْنَانِ يمكن الوِقَايَةُ مِنْهُ بِتَنَاوُلِ زَيْتِ السَّمَكِ وَالطَّمَاطِمِ وَاللَّبَنِ وَالْجُبْنِ وَالْفولِ.

وَتَشَقُّقُ زَاوِيَةِ الْفَمِ وَالشَّفَتَيْنِ وَاللِّسَانِ، وَالْتِهَابُ جُفُونِ الْعَيْنِ وَخُمُولُ الْجِسْمِ يُمْكِنُ اَلْوِقَايَةُ مِنْهَا جَمِيعًا بِأَكْلِ الْفُولِ وَاللَّبَنِ وَالْبَيْضِ وَالْخُضْرَوَاتِ النِّيئَةِ وَاللُّحُومِ وَالطُّيُورِ، وَكَذَلِكَ خُمُولُ الْجِسْمِ وَضَعْفُهُ.

وَيُفِيدُ أَكْلُ الْبِطِّيخِ وَالْبَطَاطِسِ وَالْبَلِيلَةِ وَالْفُولِ السُّودَانِيِّ تَهْدِئَةَ الأَعْصَابِ وَإِثَارَةَ الْمَيْلِ إِلَى الطَّعَامِ.

اَلْمُفْرَدَاتُ:

جَفَافٌ	干旱；干巴，干燥；干涸
شَحَبَ ـَـُـ شُحُوبًا وشُحُوبَةً	憔悴，苍白

جَفْنٌ جـ جُفُونٌ	眼皮，眼睑
زُلَالِيٌّ	蛋白质的
بُنْدُقٌ	榛子
قِشْدَةٌ	蕃荔枝
بَلِيلَةٌ	牛奶麦粥
خُمُولٌ	酸懒；无声无息
عَصَبٌ جـ أَعْصَابٌ	神经；筋

اَلْمُنَاقَشَةُ:

١) مَا وَظِيفَةُ الْغِذَاءِ لِلْجِسْمِ ؟

٢) مَا الأَطْعِمَةُ الَّتِي تَحْتَوِي عَلَى الْغِذَاءِ الَّذِي يُفِيدُ الْجِسْمَ ؟

٣) مَاذَا يَحْدُثُ لِلْجِسْمِ إِذَا نَقَصَ غِذَاؤُهُ وَلَمْ تَتَنَوَّعْ أَصْنَافُ طَعَامِهِ ؟

٤) مَا الَّذِي يُسَبِّبُ كُلاًّ مِنْ:

(أ) تَشَقُّقِ الشَّفَةِ وَزَوَايَا الْفَمِ.

(ب) الْتِهَابِ جُفُونِ الْعَيْنِ.

(ج) شُحُوبِ اللَّوْنِ.

(د) جَفَافِ الْجِلْدِ.

٥) بِمَاذَا يَسْتَطِيعُ الإِنْسَانُ أَنْ يَتَّقِيَ كُلَّ مَرَضٍ مِنَ الأَمْرَاضِ السَّابِقَةِ؟

第二十一课　完善你的饮食

人体需要一系列不同的营养物质来发育成长，保持健康，使精力充沛，胜任工作。

许多食物如：面包、豆子、大米、牛奶、奶油、食油、肉、蛋和水果都富含这些营养物质。

人如果没有摄取足够身体所需的这些营养物质，就会出现营养不良导致的病症。

这些病症有：缺少脂肪物质导致的皮肤干燥，食物中缺铁导致的肤色苍白，饮食中缺少钙质导致的蛀牙，饮食中缺少某种特殊营养物质导致的嘴角、双唇和舌部开裂，以及眼睑发炎，食物中缺少蛋白质、脂肪以及其他物质导致的体弱慵惰。

人可以食用适当的食物来预防这些病症：

اَلدَّرْسُ الْحَادِي وَ الْعِشْرُونَ　اِسْتَكْمِلْ غِذَاءَكَ

皮肤干燥可以吃奶油、肥肉、榛子、蕃荔枝和奶酪来预防。

肤色苍白可以吃动物肝脏、蔬菜、土豆、蛋、牛奶麦粥和肉来预防。

生蛀牙可以吃鱼肝油、西红柿、牛奶、奶酪和豆子来预防。

嘴角、双唇、舌部干裂和眼睑发炎可以吃豆子、牛奶、蛋、生菜、肉和禽肉来预防。体弱无力也可以这样预防。

吃西瓜、土豆、牛奶麦粥和花生可以宁神开胃。

اَلدَّرْسُ الثَّانِي والْعِشْرُونَ

مُنَاخُ الصِّينِ

يَخْتَلِفُ الْمُنَاخُ فِي بِلاَدِنَا الْعَزِيزَةِ فِي فُصُولِ السَّنَةِ لأَنَّهَا وَاسِعَةٌ جِدًّا، فَفِي الرَّبِيعِ يَكُونُ الْجَوُّ مُنْعِشًا، وَفِي الصَّيْفِ يَكُونُ الْجَوُّ حَارًّا، وَفِي الْخَرِيفِ يَكُونُ الْجَوُّ مُنْعِشًا، أَمَّا فِي الشِّتَاءِ فَالْجَوُّ فِي شِمَالِ الصِّينِ شَدِيدُ الْبَرْدِ وَفِي جَنُوبِهَا مُعْتَدِلٌ.

بَكِين عَاصِمَةُ جُمْهُورِيَّةِ الصِّينِ الشَّعْبِيَّةِ تَقَعُ فِي شِمَالِ الصِّينِ، وَالطَّقْسُ فِي هَذِهِ الْمَدِينَةِ يَتَغَيَّرُ مَعَ تَغَيُّرِ الْفُصُولِ الأَرْبَعَةِ، فَالطَّقْسُ فِي الرَّبِيعِ لَطِيفٌ لَيْسَ بَارِدًا وَلاَ حَارًّا، وَلَكِنَّ الرِّيَاحَ فِي هَذَا الْفَصْلِ تَهُبُّ بَيْنَ حِينٍ وَآخَرَ. أَمَّا فِي الصَّيْفِ فَالطَّقْسُ فِي بَكِين شَدِيدُ الْحَرَارَةِ، وَلَكِنَّ الأَمْطَارَ تَنْزِلُ فِيهَا بِغَزَارَةٍ. وَفِي الْخَرِيفِ تَقِلُّ الأَمْطَارُ فَتَجِدُ الطَّقْسَ مُنْعِشًا وَالسَّمَاءَ صَافِيَةً، وَحِينَمَا يَجِيءُ الشِّتَاءُ يَصِيرُ الطَّقْسُ شَدِيدَ الْبَرْدِ وَيَنْزِلُ الثَّلْجُ كَثِيرًا.

اَلْمُفْرَدَاتُ:

اِخْتَلَفَ اِخْتِلاَفًا عَنْ كَذَا	与……不一样，与……不一致，与……不同
طَقْسٌ	气候，天气
تَغَيَّرَ تَغَيُّرًا الشيءُ	变化，改变
مُنَاخٌ	气候
بَهِيجٌ	可喜的；绚丽的，明媚的
مُنْعِشٌ	凉爽
اِعْتَدَلَ اِعْتِدَالاً الجوُّ	（气候）温和
نَزَلَ ـــِ نُزُولاً المطرُ	下雨
بِغَزَارَةٍ	大量地，充沛地
قَلَّ ـــِ قِلَّةً الشَّيْءُ	少，变少，减少
صَافٍ م صَافِيَةٌ	晴朗的
جُمْهُورِيَّةٌ جـ جُمْهُورِيَّاتٌ	共和国

اَلْمُنَاقَشَةُ:

١) مَاذَا يُسَبِّبُ اِخْتِلاَفَ الْمُنَاخِ فِي بِلاَدِنَا الصِّينِ؟

٢) كَيْفَ يَكُونُ جَوُّ الصِّينِ فِي الْفُصُولِ الأَرْبَعَةِ ؟

٣) أَيْنَ تَقَعُ بَكِين عَاصِمَةُ جُمْهُورِيَّةِ الصِّينِ الشَّعْبِيَّةِ ؟

٤) صِفْ (صِفِي) لَنَا طَقْسَ بَكِين فِي الْفُصُولِ الأَرْبَعَةِ.

٥) أَ تُحِبُّ طَقْسَ بَكِين أَمْ لاَ؟ وَلِمَاذَا ؟

第二十二课　中国的气候

我们亲爱的祖国幅员辽阔，一年四季的气候不同：春天，天气和暖明媚；夏天，天气炎热；秋天，天气凉爽；冬天，北方严寒，南方温和。

中华人民共和国的首都北京位于华北，这座城市的气候随着四季变化：春天和暖，不冷不热，但常刮风。夏天炎热，但雨水充沛。秋天雨水减少，气候凉爽，天空晴朗。冬天来临，气候寒冷，时常降雪。

اَلدَّرْسُ الثَّالِثُ وَالْعِشْرُونَ
قِطَافُ الزَّيْتُونِ

تَصِيرُ بَسَاتِينُ فِي مَوْسِمِ الْقِطَافِ كَأَنَّهَا فِي عُرْسٍ وَأَفْرَاحٍ يَجِيءُ إِلَيْهَا النَّاسُ مِنْ جَمِيعِ الْجِهَاتِ وَعَلَى وُجُوهِهِمْ عَلَامَاتُ النَّشَاطِ وَالْجِدِّ لِجَمْعِ ثِمَارِ الزَّيْتُونِ.

يَجْتَمِعُ تَحْتَ كُلِّ زَيْتُونَةٍ عَدَدٌ مِنَ النَّاسِ، فَيَصْعَدُ الْبَعْضُ عَلَيْهَا، وَيَقْطِفُونَ الزَّيْتُونَ بِأَصَابِعِهِمْ أَوْ يَضْرِبُونَ الْأَغْصَانَ بِعَصًا رَفِيعَةٍ طَوِيلَةٍ، وَهُمْ يُرَدِّدُونَ الْأَغَانِيَ الشَّعْبِيَّةَ الْمُشَجِّعَةَ، فَيَسْقُطُ الْحَبُّ الْأَخْضَرُ أَوِ الْأَسْوَدُ اللَّامِعُ، فَيَجْمَعُهُ الْأَوْلَادُ وَالنِّسَاءُ فِي سِلَالٍ صَغِيرَةٍ...

وَهَكَذَا يَسْتَمِرُّ الْعَمَلُ حَتَّى الْمَسَاءِ، فَيُجْمَعُ الزَّيْتُونُ فِي أَكْيَاسٍ تُحْمَلُ فَوْقَ الْعَرَبَاتِ أَوْ عَلَى ظُهُورِ الْحَمِيرِ، وَتُنْقَلُ إِلَى الْقَرْيَةِ، ثُمَّ إِلَى الْأَسْوَاقِ.

يُسْتَعْمَلُ الزَّيْتُونُ الْمُمَلَّحُ طَعَامًا، وَيُسْتَخْرَجُ مِنْهُ زَيْتٌ لَذِيذٌ مُفِيدٌ...

اَلْمُفْرَدَاتُ:

采摘；摘果子的时候	قِطَافٌ
（油）橄榄；（油）橄榄树	زَيْتُونٌ
喜事，婚礼	عُرْسٌ جــ أَعْرَاسٌ
高兴，快乐	فَرَحٌ جــ أَفْرَاحٌ
方向，方面	جِهَةٌ جــ جِهَاتٌ
标志，记号	عَلاَمَةٌ جــ عَلاَمَاتٌ
手指；脚趾	اِصْبَعٌ جــ أَصَابِعُ
树枝	غُصْنٌ جــ أَغْصَانٌ
棍，棒，杆，杖	عَصًا جــ عُصِيٌّ
细的	رَفِيعٌ
重复，反复	رَدَّدَ تَرْدِيدًا كَذَا
歌，歌曲	أَغْنِيَّةٌ جــ أَغَانٍ (اَلأَغَانِي)
闪亮的，锃亮的，光亮的，闪闪发光的	لاَمِعٌ

اِسْتَمَرَّ اِسْتِمْرَارًا فِي كَذَا	继续
عَرَبَةٌ جـ عَرَبَاتٌ	车，车辆；（火车的）车厢
حِمَارٌ جـ حَمِيرٌ	驴
مُمَلَّحٌ	腌的
زَيْتٌ	（植物）油

اَلْمُنَاقَشَةُ:

١) صِفْ (صِفِي) لَنَا مَنْظَرَ بَسَاتِينِ الزَّيْتُونِ فِي مَوْسِمِ الْقِطَافِ.

٢) كَيْفَ يَقْطِفُ النَّاسُ الزَّيْتُونَ؟

٣) مَا هِيَ فَوَائِدُ الزَّيْتُونِ؟

第二十三课 摘橄榄

橄榄园在采摘的季节里变得喜气洋洋，人们从四面八方来到园中采摘橄榄，脸上显出辛勤努力的神情。

每棵橄榄树下都聚集着几个人，其中一些人爬上树，用手采下橄榄或是用细细的长杆拍打树枝。大家反复唱着鼓劲的民歌，那绿色的或乌黑发亮的橄榄一粒粒掉落下来，妇女孩子们把它们拾到小篮里……

就这样一直劳动到傍晚，橄榄都装入一些大袋子，再搬到车上或放在驴背上运回村子，而后再运往集市。

橄榄可腌制咸菜，也可提取可口、营养丰富的橄榄油。

اَلدَّرْسُ الرَّابِعُ والْعِشْرُونَ

اَلنَّشَاطُ وَوَقْتُ الْفَرَاغِ

قَالَ كَامِلٌ لِاِخْوَتِهِ: أَرْجُو أَلاَّ تُضِيعُوا الْوَقْتَ، فَعَلَيْنَا أَنْ نَسْتَيْقِظَ مُبَكِّرِينَ، وَنُؤَدِّيَ الصَّلاَةَ، وَأَنْ نُسْرِعَ فِي إِعْدَادِ حَقَائِبِنَا، وَارْتِدَاءِ مَلاَبِسِنَا، وَتَنَاوُلِ فُطُورِنَا، وَأَنْ نَذْهَبَ إِلَى الْمَدْرَسَةِ قَبْلَ الْجَرَسِ بِوَقْتٍ طَوِيلٍ حَتَى نَلْعَبَ بَعْضَ الْوَقْتِ بِكُرَةِ السَّلَّةِ أَوَ كُرَةِ الْيَدِ.

فَرَدَّ عَلَيْهِ أَخُوهُ عَادِلٌ: وَإِنِّي أَرْجُو أَنْ أَتَمَكَّنَ مِنَ الاِطِّلاَعِ عَلَى صُحُفِ الصَّبَاحِ بِقَاعَةِ الْمُطَالَعَةِ، لاَقْتَبِسَ فِكْرَةً أَتَمَكَّنُ مِنْ إِعْلاَنِهَا فِي الْمِذْيَاعِ عَلَى زُمَلاَئِي فِي إِذَاعَتِنَا الصَّبَاحِيَّةِ.

وَقَالَ مَحْمُودٌ: مَا أَحْوَجَنِي إِلَى مُصَاحَبَتِكُمْ، فَاِنَّ مَعِي مَجْمُوعَةً مِنْ طَوَابِعِ الْقِرْشِ لِجَمْعِيَّةِ تَحْسِينِ الصِّحَّةِ، لَعَلِّي أَتَمَكَّنُ مِنْ تَوْزِيعِهَا عَلَى الْمُتَبَرِّعِينَ.

فَلَمَّا سَمِعَ الْوَالِدُ كَلاَمَهُمْ شَجَّعَهُمْ، وَفَرِحَ بِهِمْ، وَقَالَ لَهُمْ: يَسُرُّنِي أَنْ تَشْغَلُوا وَقْتَ فَرَاغِكُمْ بِالنَّشَاطِ الرِّيَاضِيِّ، وَالثَّقَافِيِّ وَالاجْتِمَاعِيِّ.

اَلْمُفْرَدَاتُ:

أَضَاعَ إِضَاعَةً الشَّيْءَ	丢失，失掉；浪费
اِرْتَدَى اِرْتِدَاءً الثَّوْبَ	穿衣服，着装
اِطَّلَعَ اِطِّلَاعًا عَلَى كَذَا	看到，看见；看，阅
مِذْيَاعٌ	麦克风，扩音器
طَابِعٌ جـ طَوَابِعُ / طَابِعُ بَرِيدٍ، طَابِعٌ بَرِيدِيٌّ	邮票
قِرْشٌ جـ قُرُوشٌ	皮亚斯特，一角钱（埃及、叙利亚等国的货币单位）
مُتَبَرِّعٌ جـ مُتَبَرِّعُونَ	捐献者，捐赠者

اَلْمُنَاقَشَةُ:

١) مَا الأَعْمَالُ الَّتِي نُؤَدِّيهَا بَعْدَ أَنْ نَسْتَيْقِظَ مُبَكِّرِينَ ؟

٢) أَيُّ أَنْوَاعِ الأَلْعَابِ الرِّيَاضِيَّةِ يُمْكِنُنَا الْقِيَامُ بِهِ فِي الْمَدْرَسَةِ صَبَاحًا ؟

٣) مَا فَائِدَةُ الاِطِّلَاعِ عَلَى صُحُفِ الصَّبَاحِ، وَكَيْفَ يمكن الإِفَادَةُ مِنْهَا ؟

٤) كَيْفَ تَسْتَطِيعُ الاِنْتِفَاعَ بِوَقْتِ الْفَرَاغِ فِي الْخِدْمَةِ الاِجْتِمَاعِيَّةِ ؟

٥) بِمَاذَا يَشْعُرُ الآبَاءُ إِذَا وَجَدُوا أَبْنَاءَهُمْ نَشِيطِينَ جَادِّينَ فِي الْحَيَاةِ ؟

٦) مَا أَنْوَاعُ النَّشَاطِ الْمَدْرَسِيِّ الَّذِي تُعِدُّهُ الْمَدْرَسَةُ لِتَلاَمِيذِهَا ؟

第二十四课 活动与空余时间

卡米勒对他的兄弟说："我希望你们不要浪费时间，我们应该早早起来作礼拜，很快收拾好书包，穿好衣服，吃完早餐，然后在打铃前早早地到学校去，打一会儿篮球或手球。"

弟弟阿迪勒回答他说："我希望能在阅览室看看晨报，这样可以了解到某种思想观点，然后在我们的早晨广播中通过麦克风向同学们播报。"

迈哈茂德说："我多么需要和你们一道去（学校），我有一组健康促进会的一角钱邮票，也许我可以把它分发给捐献者。"

父亲听到他们的谈话，很是高兴，就鼓励他们说："你们利用空余时间参加体育、文化和社会活动，我很高兴。"

اَلدَّرْسُ الْخَامِسُ والْعِشْرُونَ

اَلرِّيَاضَةُ الْبَدَنِيَّةُ

تَعْتَنِي الْجَامِعَةُ بِصِحَّةِ الطُّلَّابِ وَالطَّالِبَاتِ، وَتَهْتَمُّ بِالرِّيَاضَةِ الْبَدَنِيَّةِ اهْتِمَامًا كَبِيرًا. فَقَدْ أَنْشَأَتْ كَثِيرًا مِنَ الْمَلَاعِبِ الْوَاسِعَةِ وَخَصَّصَتْ أَوْقَاتًا لِأَدَاءِ الْأَلْعَابِ الرِّيَاضِيَّةِ وَكَوَّنَتْ فِرَقًا رِيَاضِيَّةً مُخْتَلِفَةً.

نُلَبِّي نِدَاءَ الْجَامِعَةِ بِحَمَاسَةٍ، فَنَأْخُذُ كُلَّ أُسْبُوعٍ حِصَّتَيْنِ لِلرِّيَاضَةِ الْبَدَنِيَّةِ، وَإِلَى جَانِبِ ذَلِكَ نُزَاوِلُ الْأَلْعَابَ الرِّيَاضِيَّةَ كُلَّ يَوْمٍ، فَنَقُومُ بِالْأَلْعَابِ السُّوَيْدِيَّةِ فِي الصَّبَاحِ، وَبَعْدَ الظُّهْرِ نَلْعَبُ بِكُرَةِ السَّلَّةِ أَوْ كُرَةِ الْقَدَمِ أَحْيَانًا، وَأَحْيَانًا أُخْرَى نَجْرِي وَنَقْفِزُ أَوْ نَلْعَبُ عَلَى الْمُتَوَازِيَيْنِ وَالْعُقْلَةِ.

وَفِي الصَّيْفِ نَسْبَحُ فِي مَسْبَحِ الْجَامِعَةِ أَوْ فِي النَّهْرِ وَالْبُحَيْرَةِ، أَمَّا فِي الشِّتَاءِ فَنَنْزَلِقُ عَلَى الْجَلِيدِ.

اَلْأَسَاتِذَةُ وَالْمُوَظَّفُونَ فِي الْجَامِعَةِ يُحِبُّونَ الرِّيَاضَةَ الْبَدَنِيَّةَ أَيْضًا، فَيَلْعَبُونَ بِكُرَةِ الرِّيشِ وَالْكُرَةِ الطَّائِرَةِ وَكُرَةِ الطَّاوِلَةِ... اِلَخْ.

تُقِيمُ الْجَامِعَةُ دَائِمًا مُبَارَيَاتٍ وَمُسَابَقَاتٍ وُدِّيَّةً بَيْنَ كُلِّيَّاتِهَا أَوْ بَيْنَ مُنْتَخَبِهَا وَمُنْتَخَبَاتِ الْمَعَاهِدِ وَالْجَامِعَاتِ الأُخْرَى، وَذَلِكَ لِتُشَجِّعَ الطَّلَبَةَ عَلَى تَنْمِيَةِ رُوحِ التَّضَامُنِ وَالتَّعَاوُنِ وَرَفْعِ مُسْتَوَى اللَّعْبِ.

نَهْتَمُّ بِالرِّيَاضَةِ الْبَدَنِيَّةِ لأَنَّهَا تُنَشِّطُ عُقُولَنَا وَتُقَوِّي أَجْسَامَنَا، كَمَا نُثَابِرُ عَلَى الرِّيَاضَةِ الْبَدَنِيَّةِ لِبِنَاءِ الْوَطَنِ وَالدِّفَاعِ عَنْهُ.

اَلْمُفْرَدَاتُ:

اِهْتَمَّ اِهْتِمَامًا بِكَذَا	重视，注意
خَصَّصَ تَخْصِيصًا كَذَا	专门规定，指定
لَعْبٌ جـ أَلْعَابٌ	运动；游戏
اَلأَلْعَابُ الرِّيَاضِيَّةُ	体育运动
اَلأَلْعَابُ السُّوَيْدِيَّةُ	徒手体操
لَبَّى تَلْبِيَةً كذا	响应，答应
نِدَاءٌ	号召
بِحَمَاسَةٍ	热情地

إِلَى جَانِبِ ذَلِكَ	此外
زَاوَلَ مُزَاوَلَةً كَذَا	从事，进行
جَرَى – جَرْيًا	奔跑，跑步
— الماءُ	流
— الأمرُ	发生；进行
قَفَزَ – قَفْزًا	跳跃
الْمُتَوَازِيَانِ	双杠
العُقْلَةُ	单杠
مُنْتَخَبٌ جـ مُنْتَخَبَاتٌ	代表队
سَبَحَ – سِبَاحَةً	游泳，游水
مَسْبَحٌ جـ مَسَابِحُ	游泳池，游泳场
اِنْزَلَقَ اِنْزِلاقًا	滑动，溜
جَلِيدٌ	冰
رِيشٌ جـ رِيَاشٌ وأَرْيَاشٌ	羽毛
الكُرَةُ الطَّائِرَةُ	排球

طَاوِلَةٌ	桌子，台子
كُرَةُ الطَّاوِلَةِ	乒乓球
الخ = إلى آخِرِهِ	等等
رُوحٌ جـ أَرْوَاحٌ	精神；灵魂（阴性词）
تَعَاوَنَ تَعَاوُنًا القومُ عَلَى	互助，合作
تَضَامَنَ تَضَامُنًا القومُ	团结一致
مُسْتَوًى جـ مُسْتَوَيَاتٌ	水平
دَافَعَ مُدَافَعَةً ودِفَاعًا عَنْ	保卫，防卫
نَشَّطَهُ تَنْشِيطًا	使活跃，使活泼

اَلْمُنَاقَشَةُ:

١) لِمَاذَا أَنْشَأَتِ الْجَامِعَةُ كَثِيرًا مِنَ الْمَلاَعِبِ الْوَاسِعَةِ وَخَصَّصَتْ أَوْقَاتًا لأَدَاءِ الأَلْعَابِ الرِّيَاضِيَّةِ وَكَوَّنَتْ فِرَقًا رِيَاضِيَّةً مُخْتَلِفَةً ؟

٢) كَمْ حِصَّةً تَأْخُذُونَ كُلَّ أُسْبُوعٍ لِلرِّيَاضَةِ الْبَدَنِيَّةِ ؟

٣) بِمَ تَقُومُونَ دَائِمًا فِي الرِّيَاضَةِ الْبَدَنِيَّةِ ؟

٤) بِمَ تَقُومُونَ فِي الصَّيْفِ؟ وَفِي الشِّتَاءِ ؟

٥) هَلْ أَسَاتِذَةُ الْجَامِعَةِ وَمُوَظَّفُوهَا يُحِبُّونَ الرِّيَاضَةَ الْبَدَنِيَّةَ ؟

٦) لِمَاذَا تُقِيمُ الْجَامِعَةُ دَائِمًا مُبَارَيَاتٍ وَمُسَابَقَاتٍ وُدِّيَّةً بَيْنَ كُلِّيَّاتِهَا أَوْ بَيْنَ مُنْتَخَبِهَا وَمُنْتَخَبَاتِ الْمَعَاهِدِ وَالْجَامِعَاتِ الأُخْرَى ؟

٧) لِمَاذَا يَجِبُ عَلَى الإِنْسَانِ أَنْ يَهْتَمَّ بِالرِّيَاضَةِ الْبَدَنِيَّةِ ؟

第二十五课　体育锻炼

学校关心学生健康，十分重视体育锻炼，修建了许多大的运动场，专门规定时间进行体育锻炼，并组建了各种体育队。

我们积极响应学校的号召，每周上两节体育课。此外，每天还要运动，早上做徒手体操，下午有时打篮球、踢足球，有时跑步、跳远或双杠、单杠。

夏天在学校游泳池或到河、湖里去游泳，冬天则练滑冰。

大学的教职员工也爱好体育锻炼，他们打羽毛球、排

اَلدَّرْسُ الْخَامِسُ وَ الْعِشْرُونَ　اَلرِّيَاضَةُ الْبَدَنِيَّةُ

球和乒乓球等等。

　　学校常举行院系间的，或本校代表队与外校代表队之间的友谊赛，以激励学生发扬团结合作精神，提高体育水平。

　　我们重视体育锻炼，因为它使我们精神焕发、身体强壮。为建设和保卫祖国，我们要坚持体育锻炼。

اَلدَّرْسُ السَّادِسُ والْعِشْرُونَ

حِصَّةُ التَّعْبِيرِ

اِعْتَادَ مُدَرِّسُ اللُّغَةِ الْعَرَبِيَّةِ أَنْ يُخَصِّصَ دَرْسًا مِنْ دُرُوسِ الْعَرَبِيَّةِ، لِيَتَحَدَّثَ فِيهِ التَّلاَمِيذُ عَمَّا يَسْهُلُ عَلَيْهِمْ مِنَ الْمَوْضُوعَاتِ وَسَمَّى هَذَا الدَّرْسَ "حِصَّةَ التَّعْبِيرِ".

وَتَكُونُ تِلْكَ الْحِصَّةُ يَوْمَ الاِثْنَيْنِ غَالِباً عِنْدَمَا يَعُودُ التَّلاَمِيذُ نَشِيطِينَ، وَرَاغِبِينَ فِي الْحَدِيثِ عَنْ رِحْلاَتِهِمْ وَزِيَارَاتِهِمْ مَعَ زُمَلاَئِهِمْ وَإِخْوَانِهِمْ، أَوْ مَا شَاهَدُوهُ مِنْ تَمْثِيلِيَّاتٍ، أَوْ مَا أَدَّوْهُ مِنْ أَعْمَالٍ، أَوْ مَا سَمِعُوهُ مِنْ أَخْبَارٍ وَمَعْلُومَاتٍ يَتَحَدَّثُونَ بِنَشَاطٍ لأَنَّهُمْ لاَ يَجِدُونَ صُعُوبَةً فِي التَّعْبِيرِ عَمَّا شَاهَدُوهُ أَوْ عَمِلُوهُ أَوْ سَمِعُوهُ.

فَإِذَا ذَهَبَ أَحَدُهُمْ إِلَى مَسْرَحٍ، وَشَاهَدَ فِيهِ تَمْثِيلِيَّةً فَإِنَّهُ يَصِفُهَا لِزُمَلاَئِهِ التَّلاَمِيذِ، وَيُعِيدُ كَلاَمَ الْمُمَثِّلِينَ، ثُمَّ يَتَدَرَّبُ عَلَى الإِلْقَاءِ وَالتَّعْبِيرِ بِيَدِهِ وَحَرَكَاتِهِ وَوَجْهِهِ، عَنِ الْمَعَانِي الَّتِي يَتَأَثَّرُ بِهَا.

وَمِنْهُمْ مَنْ يَتَحَدَّثُ عَنِ الْحَفْلَةِ الَّتِي حَضَرَهَا فِي بَعْضِ الْمُنَاسَبَاتِ، وَمِنْهُمْ مَنْ يَصِفُ الْمُبَارَاةَ الرِيَاضِيَّةَ الَّتِي شَاهَدَهَا.

وَمِنْهُمْ مَنْ يَتَكَلَّمُ عَمَّا قَامَ بِهِ مِنْ عَمَلٍ فِي خِدْمَةِ الشَّعْبِ، وَمِنْهُمْ مَنْ يَتَحَدَّثُ عَنْ أَخْبَارٍ مَحَلِّيَّةٍ أَوْ عَالَمِيَّةٍ سَمِعَهَا فِي الرَّادِيُو، أَوْ قَرَأَهَا فِي الْمَجَلاَّتِ.

وَهَكَذَا يَقْضِي التَّلاَمِيذُ نَحْوَ سَاعَةٍ، يُحْسِنُونَ فِيهَا الْحَدِيثَ، كَمَا يُحْسِنُونَ فِيهَا الاِسْتِمَاعَ، وَهُمْ مَسْرُورُونَ.

اَلْمُفْرَدَاتُ:

اِعْتَادَ اِعْتِيَادًا الأمرَ	习惯于
خَصَّصَ تَخْصِيصًا الشَيْءَ	指定；选定
سَهُلَ ـُ سُهُولَةً الأمرُ	容易
مَوْضُوعٌ جـ مَوْضُوعَاتٌ	问题，题目，标题
رَاغِبٌ جـ رَاغِبُونَ	愿望者；渴望者
وَصَفَ يَصِفُ وَصْفًا الشَيْءَ	描写、叙述
صُعُوبَةٌ جـ صُعُوبَاتٌ	困难
مُمَثِّلٌ جـ مُمَثِّلُونَ م مُمَثِّلَةٌ جـ مُمَثِّلاَتٌ	演员
تَدَرَّبَ تَدَرُّبًا عَلَى كَذَا	练习……，训练

مَحَلِّيٌّ	当地的，地方的，本地的
عَالَمِيٌّ	世界的，国际的
مَجَلَّةٌ جـ مَجَلاَّتٌ	期刊，杂志
أَحْسَنَ إِحْسَانًا الشَّيْءَ	搞好，善于
اِسْتَمَعَ اسْتِمَاعًا إِلَيْهِ	听

اَلْمُنَاقَشَةُ:

١) مَا مَعْنَى "حِصَّةِ التَّعْبِيرِ" ؟

٢) لِمَاذَا يُخَصِّصُ الْمُدَرِّسُ دَرْسًا لِيَتَحَدَّثَ التلاَمِيذُ فِيهِ ؟

٣) مَتَى تَكُونُ "حِصَّةُ التَّعْبِيرِ" غَالِبًا؟ وَلِمَاذَا ؟

٤) مَا هِيَ الْمَوْضُوعَاتُ الَّتِي يَخْتَارُهَا التلاَمِيذُ لِيَتَحَدَّثُوا فِي الْحِصَّةِ ؟

٥) هَلْ لَدَيْكُمْ أَيْضًا مِثْلُ هَذِهِ الْحِصَّةِ؟ وَمَا رَأْيُكَ فِيهَا ؟

第二十六课 表 达 课

阿拉伯语老师常指定一节阿语课，让学生们谈一些对自己来说比较容易的话题，他把这样的课称为“表达课”。

اَلدَّرْسُ السَّادِسُ وَ الْعِشْرُونَ   حِصَّةُ التَّعْبِيرِ

　　表达课通常是在周一，因为学生们这天返校，精神饱满，很想谈谈他们与同学、朋友一同旅行和游览的情况，或是谈谈他们看过的戏剧、完成的工作、听到的新闻和信息。他们谈兴很浓，因为表达自己的所见、所闻、所为，对他们来说没有什么困难。

　　如果他们中一人去剧场看了一出戏，那他就会向同学们描述这个戏，复述演员的台词，练习用手势、动作、面部表情来帮助朗诵和表达自己深受感动的情节内容。

　　学生中有人会讲讲自己因某种机遇而参加一次集会的情况，有人会描述他观看的体育比赛，有人会说说他做的一件为人民服务的事，还有人会谈谈他从收音机里听来的，或看杂志得来的国内外新闻。

　　就这样，学生们在兴奋中度过了近一个小时，不仅提高了会话能力，同时还提高了听力。

اَلدَّرْسُ السَّابِعُ وَالْعِشْرُونَ

فِي حِصَّةِ اللُّغَةِ الْعَرَبِيَّةِ

نَدْرُسُ اللُّغَةَ الْعَرَبِيَّةَ فِي حُجْرَةِ الدَّرْسِ، وَهِيَ حُجْرَةٌ نَظِيفَةٌ مُنَظَّمَةٌ.

نَذْهَبُ إِلَى الْفَصْلِ قَبْلَ السَّاعَةِ الثَّامِنَةِ، كُلُّ وَاحِدٍ مِنَّا يَجْلِسُ عَلَى مَقْعَدِهِ، يُجَهِّزُ كِتَابَهُ وَكُرَّاسَتَهُ، وَعِنْدَمَا يَدْخُلُ الْمُدَرِّسُ الْحُجْرَةَ فِي تَمَامِ السَّاعَةِ الثَّامِنَةِ، نَقُومُ جَمِيعًا لِتَحِيَّتِهِ، يَقُولُ لَنَا الْأُسْتَاذُ: "صَبَاحَ الْخَيْرِ!" وَنَرُدُّ عَلَيْهِ: "صَبَاحَ النُّورِ." ثُمَّ يَقُولُ: "أَشْكُرُكُمْ تَفَضَّلُوا بِالْجُلُوسِ."

اَلْمُدَرِّسُ يَقِفُ أَمَامَ الْمِنْبَرِ، وَيَبْدَأُ فِي قِرَاءَةِ الدَّرْسِ الْجَدِيدِ، ثُمَّ يَقْرَأُهُ طَالِبٌ، فَطَالِبَةٌ، وَبَعْدَ الْقِرَاءَةِ يَشْرَحُ لَنَا الْمُدَرِّسُ نَصَّ الدَّرْسِ، وَيُبَيِّنُ لَنَا قَوَاعِدَ اللُّغَةِ، وَمَعَانِيَ الْمُفْرَدَاتِ الْجَدِيدَةِ، وَنَحْنُ مُنْتَبِهُونَ جِدًّا أَثْنَاءَ الدَّرْسِ.

ثُمَّ يَسْأَلُنَا الْأُسْتَاذُ بَعْضَ الْأَسْئِلَةِ، وَنُحَاوِلُ الْإِجَابَةَ الصَّحِيحَةَ، فَإِذَا وَقَعَ مِنَّا خَطَأٌ صَحَّحَهُ الْأُسْتَاذُ بِصَبْرٍ وَوُضُوحٍ.

كُلُّ وَاحِدٍ مِنَّا مُجْتَهِدٌ فِي الدِّرَاسَةِ، وَمُسْتَعِدٌّ لِخِدْمَةِ الشَّعْبَيْنِ الصِّينِيِّ وَالْعَرَبِيِّ فِي الْمُسْتَقْبَلِ.

اَلْمُفْرَدَاتُ:

مَقْعَدٌ جـ مَقَاعِدُ	座位；凳子
عَكْسٌ	与……相反
جَهَّزَ – ِ تَجْهِيزاً	准备，预备
أَدْخَلَهُ – إِدْخَالاً	带进，引进
وَقَفَ – ِ وُقُوفاً	停；站住；站立
نَصٌّ جـ نُصُوصٌ	正文
مَعْنًى جـ مَعَانٍ (اَلْمَعَانِي)	意思，意义
سَرَّ – ُ سُرُوراً فُلاَنًا	令人喜欢，令人高兴
سَجَّلَه – ِ تَسْجِيلاً	登记；记录；挂号
ضَمِيرٌ مُسْتَتِرٌ	内含代词
كَرَّرَ – ِ تَكْرِيراً	重复，再做
قَاعِدَةٌ جـ قَوَاعِدُ	基地；基础；规则；原理
ضَمِيرٌ جـ ضَمَائِرُ	天良，良心；代词
حَاوَلَ – ِ مُحَاوَلَةَ الأمرَ	试图，企图

线；行；笔迹；书法　　خَطٌّ جـ خُطُوطٌ

改正，纠正（错误或缺点）　　صَحَّحَ – تَصْحِيحاً الخَطأَ أو العَيْبَ

اَلْمُنَاقَشَةُ:

١) مَتَى يَذْهَبُ الطُّلاَّبُ وَالطَّالِبَاتُ إِلَى الْفَصْلِ ؟

٢) فِي أَيِّ سَاعَةٍ يَجِيءُ الْمُدَرِّسُ إِلَى الْحُجْرَةِ ؟

٣) كَيْفَ يُحَيِّي الْمُدَرِّسُ وَالطُّلاَّبُ بَعْضُهُمْ بَعْضًا ؟

٤) كَيْفَ يُلْقِي الْمُدَرِّسُ عَلَيْنَا حِصَّةَ اللُّغَةِ الْعَرَبِيَّةِ ؟

٥) كَيْفَ نَدْرُسُ اللُّغَةَ الْعَرَبِيَّةَ ؟

第二十七课　上阿拉伯语课

我们在一间整洁的教室上阿拉伯语课。八点前我们进教室就坐，准备好课本和笔记本。八点整老师进教室，我们全体起立致敬，老师说："早上好！"我们回答："早上好！"老师说："谢谢！请坐下。"

اَلدَّرْسُ السَّابِعُ وَالْعِشْرُونَ   فِي حِصَّةِ اللُّغَةِ الْعَرَبِيَّةِ

  老师站在讲台前,开始朗读新课,然后叫一男生朗读,接着又叫一女生朗读。读完后,老师(为我们)解释课文,讲解语法和生词。我们都注意听讲。

  老师向我们提了一些问题,我们尽力做出正确的回答,如果出了差错,老师就会明确地指出错误,耐心地帮助我们纠正。

  我们每个人都努力学习,准备将来为中阿人民服务。

اَلدَّرْسُ الثَّامِنُ والْعِشْرُون

قِرَاءَةُ الْجَرِيدَةِ

أ- هَلْ وَصَلَتْ جَرِيدَةُ الشَّعْبِ الْيَوْمِيَّةِ ؟

ب- لاَ، لَمْ تَصِلْ بَعْدُ.

أ- هَذِهِ الْجَرِيدَةُ تَصِلُ عَادَةً بَعْدَ الْحِصَّةِ الثَّانِيَةِ، لِمَاذَا لَمْ تَصِلْ حَتَ الآنَ، وَالْحِصَّةُ الثَّانِيَةُ قَدِ انْتَهَتْ ؟

ب- لاَ بُدَّ أَنْ تَحْمِلَ الْجَرِيدَةُ الْيَوْمَ خَبَرًا هَامًا أَوْ تَنْشُرَ افْتِتَاحِيَّةً هَامَةً.

أ- أَعْتَقِدُ ذلِكَ.

ب- هَلْ تَقْرَأُ الْجَرِيدَةَ كُلَّ يَوْمٍ؟

أ- طَبْعًا. بَلْ أَقْرَأُ جَرَائِدَ عَدِيدَةً مِنْهَا جَرِيدَةُ الشَّعْبِ الْيَوْمِيَّةُ، وجَرِيدَةُ النُّورِ الْيَوْمِيَّةُ وجَرِيدَةُ الشَّبَابِ الصِّينِيِّ وجَرِيدَةُ بَكِينَ الصَّبَاحِيَّةُ وجَرِيدَةُ بَكِينَ الْمَسَائِيَّةُ.

ب- وَكَيْفَ تَقْرَأُهَا؟

أ- أَقْرَأُ الْعَنَاوِينَ فَقَطْ قَبْلَ الظُّهْرِ، ثُمَّ أَقْرَأُ تَفَاصِيلَهَا عِنْدَ الظُّهْرِ أَوِ الْمَسَاءَ.

ب- أَيَّ جَرَائِدَ تَقْرَأُ أَنْتَ دَائِمًا؟

أ- أَمَا أَنَا فَأَقْرَأُ جَرِيدَةَ الشَّعْبِ الْيَوْمِيَّةَ كُلَّ يَوْمٍ وَجَرِيدَةَ جَيْشِ التَّحْرِيرِ أَحْيَانًا.

ب- هَلْ تَقْرَأُ جَرَائِدَ عَرَبِيَّةً أَيْضًا.

أ- لاَ، لاَ أَسْتَطِيعُ ذلِكَ. لأَنَّ لُغَتِي الْعَرَبِيَّةَ مَا زَالَتْ ضَعِيفَةً.

ب- أَمْسِ رَأَيْتُ الأُسْتَاذَ يَقْرَأُ الْجَرَائِدَ الْعَرَبِيَّةَ فِي مَكْتَبَةِ الْكُلِّيَّةِ، فَسَأَلْتُهُ: مَتَى نَسْتَطِيعُ نَحْنُ أَنْ نَقْرَأَ هذِهِ الْجَرَائِدَ الْعَرَبِيَّةَ يَا أُسْتَاذُ؟ فَقَالَ لِي مُبْتَسِمًا: تَسْتَطِيعُونَ ذلِكَ بَعْدَ نِصْفِ سَنَةٍ أَوْ سَنَةٍ وَاحِدَةٍ.

أ- هذَا تَشْجِيعٌ كَبِيرٌ، يَجِبُ عَلَيْنَا أَنْ نُضَاعِفَ الْجُهُودَ.

اَلْمُفْرَدَاتُ:

عَادَةً	平常，通常，习惯
لاَ بُدَّ أَنْ...	一定
هَامٌّ	重要的，重大的
نَشَرَ ـُ نَشْرًا الخبرَ	传播；发表
اِفْتِتَاحِيَّةٌ جـ اِفْتِتَاحِيَّاتٌ	社论

اِعْتَقَدَ اِعْتِقَادًا الأَمْرَ	相信
طَبْعاً	当然，自然
عُنْوَانٌ جـ عَنَاوِينُ	题目，标题；地址
فَقَطْ	只有，仅有，仅仅
تَفْصِيلٌ جـ تَفَاصِيلُ	细节，详情
مُبْتَسِمٌ	微笑的
ضَاعَفَ مُضَاعَفَةً الشيءَ	加倍

اَلْمُنَاقَشَةُ:

١) مَتَى تَصِلُ الْجَرِيدَةُ عَادَةً فِي الصَّبَاحِ ؟

٢) لِمَاذَا لَمْ تَصِلِ الْجَرِيدَةُ بَعْدُ وَالسَّاعَةُ قَدْ قَارَبَتِ الْحَادِيَةَ عَشْرَةَ ؟

٣) هَلْ تَقْرَأُ الْجَرِيدَةَ كُلَّ يَوْمٍ ؟ وَكَيْفَ تَقْرَأُهَا ؟

٤) أَيَّ جَرِيدَةٍ تَقْرَأُ دَائِمًا ؟ وَلِمَاذَا تُحِبُّ قِرَاءَةَ هذِهِ الْجَرِيدَةِ ؟

٥) هَلْ تَقْرَأُ جَرَائِدَ عَرَبِيَّةً مِثْلَ جَرِيدَةِ "الأَهْرَامِ" الْمِصْرِيَّةِ ؟

第二十八课 读 报

甲：《人民日报》到了吗？

乙：还没到。

甲：这报纸通常在第二节课后到，现在第二节课已经上完了为什么还没来呢？

乙：今天的报纸一定是刊登什么重要消息或发表重要社论。

甲：我也这么想。

乙：你每天都看报吗？

甲：当然！看好多种报呢，有《人民日报》、《光明日报》、《中国青年报》、《北京晨报》、《北京晚报》。

乙：你是怎么看的？

甲：上午只看标题，中午或晚上再看详细内容。

乙：你常看哪些报？

甲：我嘛，每天看《人民日报》，有时也看《解放军报》。

乙：你也看阿拉伯文报吗？

甲：不。看不了，因为我的阿拉伯语还不行。

乙：昨天我看见老师在院图书馆看阿拉伯文报，我便问他："老师，我们什么时候也能看这些阿拉伯文报呢？"老师笑着对我说："过半年或一年就可以了。"

甲：这是很大的鼓励，我们应该加倍努力。

اَلدَّرْسُ التَّاسِعُ وَالْعِشْرُونَ
اَلزَّمَنُ

مَعْرِفَةُ الزَّمَنِ مُهِمَّةٌ جِدًّا، وَمَعْرِفَةُ الزَّمَنِ يُؤَدِّي الْإِنْسَانُ بِهَا الْأَعْمَالَ وَالْوَاجِبَاتِ. أَصْغَرُ أَجْزَاءِ الزَّمَنِ هُوَ الثَّانِيَةُ، ثُمَّ الدَّقِيقَةُ، وَهِيَ سِتُّونَ ثَانِيَةً، ثُمَّ السَّاعَةُ، وَهِيَ سِتُّونَ دَقِيقَةً، وَفِي النَّهَارِ وَاللَّيْلِ أَرْبَعٌ وَعِشْرُونَ سَاعَةً، وَالْأُسْبُوعُ سَبْعَةُ أَيَّامٍ، وَهِيَ يَوْمُ الْأَحَدِ، وَيَوْمُ الِاثْنَيْنِ، وَيَوْمُ الثُّلَاثَاءِ، وَيَوْمُ الْأَرْبِعَاءِ، وَيَوْمُ الْخَمِيسِ، وَيَوْمُ الْجُمْعَةِ، وَيَوْمُ السَّبْتِ.

اَلسَّنَةُ الشَّمْسِيَّةُ تَنْقَسِمُ إِلَى اثْنَيْ عَشَرَ شَهْرًا، وَهِيَ يَنَايِرُ وَفَبْرَايِرُ وَمَارِسُ وَإِبْرِيلُ وَمَايُو وَيُونِيُو وَيُولِيُو وَأَغُسْطُسُ وَسِبْتَمْبَرُ وَأُكْتُوبَرُ وَنُوفَمْبَرُ وَدِيسَمْبَرُ (أَوْ كَانُونُ الثَّانِي وَشُبَاطُ وَآذَارُ وَنَيْسَانُ وَأَيَّارُ وَحُزَيْرَانُ وَتَمُّوزُ وَآبُ وَأَيْلُولُ وَتِشْرِينُ الْأَوَّلُ وَتِشْرِينُ الثَّانِي وَكَانُونُ الْأَوَّلُ وَهِيَ أَسْمَاءٌ تُسْتَعْمَلُ فِي بَعْضِ الْأَقْطَارِ الْعَرَبِيَّةِ مِثْلُ سُورِيَا وَلُبْنَانَ).

يَشْتَمِلُ الشَّهْرُ عَلَى ثَلَاثِينَ يَوْمًا أَوْ وَاحِدٍ وَثَلَاثِينَ يَوْمًا، وَلَكِنَّ فَبْرَايِرَ يَكُونُ

ثَمَانِيَةً وَعِشْرِينَ يَوْمًا أَوْ تِسْعَةً وَعِشْرِينَ يَوْمًا فِي السَّنَةِ الْكَبِيسَةِ، فَيَبْلُغُ عَدَدُ أَيَّامِ السَّنَةِ ثَلاَثَمِائَةٍ وَخَمْسَةً وَسِتِّينَ يَوْمًا.

فِي السَّنَةِ أَرْبَعَةُ فُصُولٍ هِيَ: اَلرَّبِيعُ وَالصَّيْفُ وَالْخَرِيفُ وَالشِّتَاءُ.

اَلرَّبِيعُ هُوَ أَجْمَلُ فُصُولِ السَّنَةِ. يَكُونُ اَلْجَوُّ فِيهِ لَطِيفًا وَيَحْرِثُ فِيهِ الْفَلاَّحُونَ الأَرْضَ.

فِي الصَّيْفِ يَكُونُ الْجَوُّ حَارًا، وَفِيهِ يَحْصِدُ الْفَلاَّحُونَ الْقَمْحَ.

فِي الْخَرِيفِ يَكُونُ الْجَوُّ مُنْعِشًا، وَهُوَ مَوْسِمُ الحِصَادِ.

يَشْتَدُّ الْبَرْدُ فِي الشِّتَاءِ، وَلاَ يَزَالُ الْفَلاَّحُونَ مَشْغُولِينَ فِي أَعْمَالِهِمْ لِيَكُونَ كُلُّ شَيْءٍ جَاهِزًا لِلسَّنَةِ الْمُقْبِلَةِ.

اَلْمُفْرَدَاتُ:

أَصْغَرُ م صُغْرَى	最小的；最年幼的
ثَانِيَةٌ جـ ثَوَانٍ	秒
اَلْخَرِيفُ	秋天
اِشْتَمَلَ اِشْتِمَالاً عَلَى...	包含，包括

أَجْمَلُ...	最美的
حَارٌّ	热的；热烈的
قَمْحٌ	小麦
اِنْقَسَمَ اِنْقِسَامًا إِلَى ...	分成，分为
مَوْسِمٌ جـ مَوَاسِمُ	季节，时令，节令，时节
اِشْتَدَّ اِشْتِدَاداً	变得猛烈，厉害
جَاهِزٌ	已准备好的，现成的
مُقْبِلٌ: قَادِمٌ: آتٍ	未来的，下次的

اَلْمُنَاقَشَةُ:

١) **مَا هُوَ أَصْغَرُ أَجْزَاءِ الزَّمَنِ ؟**

٢) كَمْ ثَانِيَةً فِي دَقِيقَةٍ وَاحِدَةٍ ؟ وَكَمْ دَقِيقَةً فِي سَاعَةٍ وَاحِدَةٍ؟ وَكَمْ سَاعَةً يَشْتَمِلُ عَلَيْهَا النَّهَارُ وَاللَّيْلُ ؟

٣) كَمْ يَوْمًا فِي الأُسْبُوعِ ؟ وَمَا هِيَ ؟

٤) كَمْ شَهْرًا فِي السَّنَةِ؟ وَمَا هِيَ ؟

٥) كَمْ يَوْمًا يَشْتَمِلُ عَلَيْهِ كُلُّ شَهْرٍ ؟

٦) كَمْ فَصْلاً تَشْتَمِلُ عَلَيْهِ السَّنَةُ؟ وَمَا هِيَ ؟

٧) أَيُّ فَصْلٍ تَعْتَبِرُهُ أَجْمَلَ فُصُولِ السَّنَةِ؟ وَلِمَاذَا ؟

٨) فِي أَيِّ فَصْلٍ يَحْصِدُ الْفَلاَّحُونَ الْقَمْحَ ؟

٩) أَيُّ فَصْلٍ يُسَمَّى مَوْسِمَ الْحِصَادِ ؟

١٠) مَا هِيَ خَاصِّيَّةُ الشِّتَاءِ ؟

第二十九课 时 间

时间概念很重要，有了时间概念，人们才能完成工作和任务。

最小的时间单位是秒，然后是分钟，相当于60秒，然后是小时，相当于 60 分钟，昼夜共 24 小时。一星期有 7 天，即星期日、星期一、星期二、星期三、星期四、星期五、星期六。

阳历年一年分为十二个月，分别是一月、二月、三月、四月、五月、六月、七月、八月、九月、十月、十一月、

اَلدَّرْسُ التَّاسِعُ وَالْعِشْرُونَ   اَلزَّمَنُ

十二月（括弧内的月份名在某些阿拉伯国家如叙利亚、黎巴嫩通用）。

一个月有 30 或 31 天，但是二月只有 28 天，闰年为 29 天，全年为 365 天。

一年有四季：春、夏、秋、冬。

春季最美，天气和暖，农民耕种。

夏季炎热，农民收割小麦。

秋季凉爽，是收获的季节。

冬季严寒，农民仍在忙着为来年做好一切准备。

اَلدَّرْسُ الثَّلاَثُونَ

جُحَا

(١)

ذَهَبَ جُحَا إِلَى السُّوقِ، وَاشْتَرَى بَعْضَ الْحَاجَاتِ الْيَوْمِيَّةِ وَوَضَعَهَا فِي سَلَّةٍ كَبِيرَةٍ، ثُمَّ رَكِبَ حِمَارَهُ وَالسَّلَّةُ فِي يَدِهِ، وَانْصَرَفَ عَنِ السُّوقِ مَسْرُورًا.

وَفِي مُنْتَصَفِ الطَّرِيقِ رَآهُ رَجُلٌ، فَسَأَلَهُ قَائِلاً: "لِمَاذَا تَأْخُذُ السَّلَّةَ فِي يَدِكَ، يَا جُحَا ؟ ضَعْهَا عَلَى ظَهْرِ الْحِمَارِ حَتَى لاَ تَتْعَبَ كَثِيرًا."

فَقَالَ لَهُ جُحَا: "هَذَا الْحِمَارُ ضَعِيفٌ، لاَ يَقْدِرُ أَنْ يَحْمِلَنِي أَنَا وَالسَّلَّةَ فِي وَقْتٍ وَاحِدٍ."

(٢)

اِشْتَرَى جُحَا عَشْرَةَ حَمِيرٍ، فَفَرِحَ بِهَا وَسَاقَهَا أَمَامَهُ، ثُمَّ رَكِبَ وَاحِدًا مِنْهَا. وَفِي الطَّرِيقِ عَدَّ حَمِيرَهُ وَهُوَ رَاكِبٌ، فَوَجَدَهَا تِسْعَةً. ثُمَّ نَزَلَ وَعَدَّهَا عَشْرَةً. فَقَالَ: أَمْشِي وَأَكْسِبُ حِمَارًا، أَفْضَلُ مِنْ أَنْ أَرْكَبَ وَأَخْسَرَ حِمَارًا.

اَلْمُفْرَدَاتُ:

جُحَا	朱哈（阿拉伯笑话中的主人公，类似新疆民间故事里的阿凡提）
رَكِبَ – رُكُوبًا السَّيَّارَةَ أَوْ غَيْرَهَا	骑；坐；乘
قَدَرَ – وقَدِرَ – قُدْرَةً ومَقْدِرَةً عَلَى كَذَا	有能力干……，能够
حِمَارٌ جـ حَمِيرٌ	驴
حَمَلَ – حَمْلاً الشَيْءَ	提，拿；扛；挑；负担
اِنْصَرَفَ انْصِرَافًا مِن ...	离开
كَسَبَ – كَسْبًا الشَيْءَ	获得，取得
فِي مُنْتَصَفِ الطَرِيقِ	半路上
أَفْضَلُ مِنْ كَذَا	比……更好
فَرِحَ – فَرَحًا بِكَذَا	高兴，愉快
خَسِرَ – خَسَارَةً الشَيْءَ	损失，亏损，亏失

عَدَّ ـُــ عَدًّا الشَيْءَ 算，数，计算，计数

ضَعْ... 是 تضع 的命令式动词

ظَهْرٌ جـ ظُهُورٌ 背，脊背，背部

اَلْمُنَاقَشَةُ:

(١)

١) مَاذَا اشتَرَى جُحَا فِي السُّوقِ ؟

٢) أَيْنَ وَضَعَ جُحَا الْمُشْتَرَيَاتِ ؟

٣) لِمَاذَا لَمْ يَضَعْ جُحَا سَلَّتَهُ عَلَى ظَهْرِ الْحِمَارِ عِنْدَمَا رَكِبَهُ ؟

(٢)

١) كَمْ حِمَارًا اِشْتَرَى جُحَا ؟

٢) أَشِرْ إِلَى خَطَأ جُحَا فِي عَدِّ الْحَمِيرِ.

٣) هَلْ كَسَبَ جُحَا حِمَارًا فِي الْوَاقِعِ ؟

第三十课 朱 哈

（一）

朱哈去市场买了一些日用品，放在一个大篮子里，然后提着篮子骑上一头驴，高高兴兴地离开了市场。

路上有人看见，便问道："朱哈，你为什么提着篮子？把它放在驴背上，你就不会这样累了。"

朱哈说："这头驴很弱，不能同时驮我和篮子。"

（二）

朱哈买了 10 头驴，他很高兴地把驴赶走，然后骑上了一头驴。途中，他骑在驴上数驴，发现只有 9 头，下了驴再数是 10 头。于是他说："与其骑驴损失一头，倒不如步行还可赚一头呢！"

اَلدَّرْسُ الْحَادِي وَالثَّلَاثُونَ

اَلصِّيَامُ

قَرَّرْتُ أَنْ أَصُومَ هَذِهِ السَّنَةَ، فَالصِّيَامُ كَمَا يَقُولُ وَالِدِي يُعَلِّمُ الْإِنْسَانَ أَشْيَاءَ كَثِيرَةً، مِنْهَا الصَّبْرُ وَالتَّفْكِيرُ بِالْآخَرِينَ. وَإِضَافَةً إِلَى كُلِّ هَذَا فَهُوَ وَاجِبٌ دِينِيٌّ عَزِيزٌ عَلَى قُلُوبِ الْمُسْلِمِينَ.

بَدَأَ الْيَوْمُ الْأَوَّلُ...

فِي الصَّبَاحِ الْبَاكِرِ، حِينَ اسْتَيْقَظْتُ مِنَ النَّوْمِ، أَسْرَعْتُ إِلَى الْمَائِدَةِ لِتَنَاوُلِ الْفُطُورِ مَعَ أَهْلِي وَالشَّمْسُ لَمْ تُشْرِقْ بَعْدُ لِأَنَّ الصِّيَامَ يَبْدَأُ عِنْدَ طُلُوعِ الشَّمْسِ.

كَانَتِ السَّاعَاتُ الْأُولَى مُمْتِعَةً وَقَدِ اكْتَفَيْتُ بِالْقِرَاءَةِ وَلَمْ أَكُنْ أَشْرَبُ أَوْ آكُلُ شَيْئًا.

وَمَرَّتْ سَاعَةٌ... سَاعَتَانِ... وَبَدَأْتُ أَشْعُرُ بِالْجُوعِ، فَقُلْتُ لِنَفْسِي: كُنْ صَبُورًا يَا سَمِيرُ! لِأَنَّ الصَّبْرَ جَمِيلٌ...

وَهَكَذَا قَضَيْتُ سَاعَاتٍ أُخْرَى حَتَّى حَانَ وَقْتُ الْإِفْطَارِ، فَأَسْرَعْتُ إِلَى الْمَائِدَةِ

وَرَأَيْتُ أَنْوَاعًا عَدِيدَةً مِنَ الطَّعَامِ اللَّذِيذِ، وَفَجْأَةً وَقَعَ نَظَرِي عَلَى بَيْضَةٍ مَسْلُوقَةٍ، فَتَذَكَّرْتُ شَيْئًا. قُمْتُ مِنَ الْمَائِدَةِ، وَخَرَجْتُ مِنَ الْغُرْفَةِ، فَنَادَانِي وَالِدِي: أَلَسْتَ جَائِعًا؟

فَأَجَبْتُهُ: جَائِعٌ، وَلَكِنِّي نَسِيتُ أَنْ أُطْعِمَ دَجَاجَتِي. سَآتِيكَ حَالاً... لَقَدْ كَانَتْ دَجَاجَتِي صَائِمَةً أَيْضًا بِسَبَبِ نِسْيَانِي.

اَلْمُفْرَدَاتُ:

صَامَ ـُـ صِيَامًا فَهُوَ صَائِمٌ	斋戒，把斋
صَبْرٌ	忍耐，忍受，耐心，坚忍
صَبُورٌ جـ صُبُرٌ	有耐心的，容忍的，坚韧
إِضَافَةً إِلَى كُلِّ هٰذَا/ بِالإِضَافَةِ إِلَى ذٰلِكَ	此外
دِينٌ جـ أَدْيَانٌ	宗教；信仰
وَاجِبٌ دِينِيٌّ	宗教功课
قَلْبٌ جـ قُلُوبٌ	心，心脏
مُسْلِمٌ جـ مُسْلِمُونَ	穆斯林，伊斯兰教徒（亦称“回教徒”）

اِسْتَيْقَظَ اِسْتِيقَاظًا	睡醒；觉醒
تَذَكَّرَ تَذَكُّرًا كَذَا	想起，记起，回忆，记得
اِبْتَسَمَ اِبْتِسَامًا	微笑
اِكْتَفَى اِكْتِفَاءً بِكَذَا	满足于……，以……为满足
جُوعٌ	饥饿，饿
قَضَى ـِ قَضَاءً الوَقْتَ	度过（时光），花费（时间）
فَجْأَةً	突然
وَقَعَ ـَـ وُقُوعًا الشيءُ	掉落，掉下；摔倒；落在，位于
وَقَعَ نَظَرِي عَلَى	看到，我的眼光落在……
وَقَعَ الأمرُ	发生
أَطْعَمَهُ إِطْعَامًا	喂，给他吃东西
دَجَاجَةٌ جـ دَجَاجَاتٌ	母鸡
رَمَضَانُ	（伊斯兰教）斋月（回历九月）

اَلْمُنَاقَشَةُ:

١) مَا هُوَ الصِّيَامُ ؟

٢) مَاذَا يُعَلِّمُ الصِّيَامُ الإِنْسَانَ ؟

٣) كَيْفَ يَصُومُ الْمُسْلِمُونَ فِي شَهْرِ رَمَضَانَ ؟

٤) لِمَاذَا تَنَاوَلَ سَمِيرٌ الفُطُورَ قَبْلَ طُلُوعِ الشَّمْسِ ؟

٥) مَاذَا قَالَ سَمِيرٌ لِنَفْسِهِ عِنْدَمَا بَدَأَ يَشْعُرُ بِالْجُوعِ ؟

٦) كَيْفَ نَفْهَمُ قَوْلَ سَمِيرٍ إِنَّ دَجَاجَتِي صَائِمَةٌ أَيْضًا ؟

第三十一课　把　斋

我决定今年把斋，诚如父亲所言，把斋能教会人很多东西，例如忍耐，为别人着想。此外，把斋还是穆斯林心爱的一项宗教功课。

第一天……

大清早，太阳还没出来,我醒来后，赶紧到餐桌和家人一同用餐，因为太阳出来时斋戒就开始了。

头几个小时很有趣，不吃不喝，满足于诵读《古兰经》。

之后，一个小时过去了……两个小时过去了……我开始感觉饥饿，自言自语道："赛米尔，要坚忍！因为坚忍是美德……。"

就这样，一直挨到开斋时刻，就飞快地来到餐桌旁，看见桌上摆着许多好吃的食物。突然我眼光落在一个煮鸡蛋上，这使我想起了一件事。我便站起来，走出了房间，父亲向我喊道："孩子，你不饿吗？"

我回答说："饿的，可是我忘记了喂鸡。我马上就回来……由于我的忘性，鸡也在把斋呢！"

اَلدَّرْسُ الثَّانِي والثَّلاثُون

اَلصِّينُ

تُعْتَبَرُ الصِّينُ مِنْ أَقْدَمِ بِلادِ الْعَالَمِ تَارِيخًا، وَأَغْنَاهَا بِالْمَوارِدِ الطَّبِيعِيَّةِ، وَهِيَ أَكْثَرُ الْبُلْدَانِ سُكَّانًا. تَبْلُغُ مِساحَتُهَا ٩ مَلاَيِينَ وَ٦٠٠ أَلْفِ كِيلُومِتْرٍ مُرَبَّعٍ. فَهِيَ تَكَادُ تُسَاوِي قَارَّةَ أُورُبَّا مِنْ حَيْثُ الْمِسَاحَةِ.

تَقَعُ الصِّينُ فِي شَرْقِيِّ آسيَا وَهِيَ دَوْلَةٌ عَظِيمَةٌ. وَمُنْذُ قَدِيمِ الزَّمَانِ صَنَعَ الشَّعْبُ الصِّينِيُّ حَضَارَةً رَاقِيَةً مُشْرِقَةً، وَاخْتَرَعُوا صِنَاعَةَ الْخَزَفِ وَصِنَاعَةَ الْوَرَقِ وصِنَاعَةَ الْحَرِيرِ وَالطِّبَاعَةَ وَالْبَارُودَ وَالإِبْرَةَ الْمِغْنَاطِيسِيَّةَ المعروفةَ بِاسْتِعْمَالِهَا فِي الْمِلاَحَةِ وَغَيْرَ ذَلِكَ مِنَ الْفُنُونِ الَّتِي نُقِلَتْ مِنَ الصِّينِ إِلَى مَنْ جَاوَرَهَا مِنَ الأُمَمِ وَالشُّعُوبِ ثم انْتَشَرَتْ فِي أَنْحَاءِ الْعَالَمِ بِأَسْرِهِ.

وَأَرَاضِي الصِّينِ شَاسِعَةٌ، فِيهَا جِبَالٌ عَالِيَةٌ وَسُهُولٌ خَصِبَةٌ وَبُحَيْرَاتٌ وَاسِعَةٌ وَأَنْهَارٌ طَوِيلَةٌ. تَضُمُّ هَذِهِ الأَرَاضِي ثَرَوَاتٍ مَعْدِنِيَّةً غَنِيَّةً مِثْلَ الْفَحْمِ وَالنَفْطِ وَالْحَدِيدِ وَالرَّصَاصِ وَالتُنْجَسْتِنْ...

والصِّينُ تَتَمَتَّعُ بِمُنَاخٍ مُعْتَدِلٍ مُلائِمٍ لِلزِّرَاعَةِ، يَجْعَلُ مَزْرُوعَاتِها مُتَنَوِّعَةً كَالأُرُزِّ وَالْقَمْحِ وَالذُّرَةِ وَالْقُطْنِ وَالْفُولِ وَالْخُضَرِ وَالْفَوَاكِه.

كَانَتِ الصِّينُ دَوْلَةً فَقِيرَةً مُتَأَخِّرَةً قَبْلَ التَّحْرِيرِ وَلَكِنَّهَا أَصْبَحَتْ دَوْلَةً اشْتِرَاكِيَّةً مُزْدَهِرَةً عَظِيمَةً بَعْدَ أَنْ تَأَسَّسَتْ جُمْهُورِيَّةُ الصِّينِ الشَّعْبِيَّةُ فِي أَوَّلِ أُكْتُوبَرَ عَامَ ١٩٤٩ بِفَضْلِ قِيَادَةِ الْحِزْبِ الشُّيُوعِيِّ الصِّينِيِّ وَالرَّئِيسِ مَاوْ.

إِنَّ جُمْهُورِيَّةَ الصِّينِ الشَّعْبِيَّةَ دَوْلَةٌ مُوَحَّدَةٌ مُتَعَدِّدَةُ الْقَوْمِيَّاتِ. يَعِيشُ أَبْنَاءُ الشَّعْبِ مِنْ مُخْتَلِفِ الْقَوْمِيَّاتِ عَلَى هَذِهِ الأَرَاضِي الْفَسِيحَةِ فِي وِئَامٍ وَتَعَاوُنٍ. وَتَتَقَدَّمُ الصِّينُ الْيَوْمَ إِلَى الأَمَامِ بِخُطُوَاتٍ جَبَّارَةٍ لِتَحْقِيقِ الْعَصْرَنَاتِ.

اَلْمُفْرَدَاتُ:

اِعْتَبَرَ اِعْتِبَارًا كَذَا	认为，看作
بِأَسْرِهِ/ بِأَسْرِهَا	整个地，全部地
أَقْدَمُ	最古老的；更老，比较老
مَعْدِنٌ جـ مَعَادِنُ	金属，矿物
أَكْثَرُ	最多；更多，比较多

اَلدَّرْسُ الثَّانِي وَالثَّلَاثُونَ اَلصِّينُ

金属的，矿物的	مَعْدِنِيٌّ
最富饶的；更富，比较富	أَغْنَى
煤，煤炭	فَحْمٌ
面积	مِسَاحَةٌ
石油	نَفْطٌ / نِفْطٌ
平方的	مُرَبَّعٌ
钨	تُنْجَسْتِنْ (أو تُنْجَسْتِين)
几乎，差点儿……	كَادَ يَكَادُ (يَفْعَلُ كَذَا)
适宜于，适合于……	مُلَائِمٌ لِكَذَا
落后的	مُتَأَخِّرٌ
与……相等，等于	سَاوَى مُسَاوَاةَ الشَّيءَ
在……方面	مِنْ حَيْثُ
贫穷的；穷人	فَقِيرٌ جـ فُقَرَاءُ
发明	اِخْتَرَعَ اِخْتِرَاعًا كَذَا
成立，建立	تَأَسَّسَ تَأَسُّسًا الشَّيءُ
高的（具有发达或高贵内涵的）	رَاقٍ (الرَّاقِي) م رَاقِيَةٌ

مُوَحَّدٌ	统一的
مِلاَحَةٌ	航海
جَاوَرَ مُجَاوَرَةً فلانًا	跟……为邻
قَوْمِيَّةٌ جـ قَوْمِيَّاتٌ (قَوْمِيَّةُ وِيغُور)	民族（维吾尔族）
وِئَامٌ	和睦
اِنْتَشَرَ اِنْتِشَارًا الشيءُ	传播，散开，流行
جَبَّارٌ	巨大的，强有力的

اَلْمُنَاقَشَةُ:

١) كَمْ كِيلُومِتْرًا مُرَبَّعًا تَبْلُغُ مِسَاحَةُ الصِّينِ ؟

٢) مَا هُوَ مَوْقِعُ الصِّينِ الْجُغْرَافِيُّ ؟

٣) مِنَ الْمَعْرُوفِ أَنَّ الصِّينَ تَشْتَهِرُ بِالْمُخْتَرَعَاتِ الأَرْبَعَةِ، فَمَا هِيَ ؟

٤) مَثِّلْ (مَثِّلِي) ثَرَوَاتٍ مَعْدِنِيَّةً تَضُمُّهَا أَرَاضِي الصِّينِ الشَّاسِعَةُ.

٥) مَثِّلْ (مَثِّلِي) مَزْرُوعَاتٍ مُتَنَوِّعَةً مُلاَئِمَةً لِلنُّمُوِّ فِي مُنَاخِ الصِّينِ.

第三十二课 中 国

中国是世界上历史最古老，自然资源最丰富的国家之一，也是人口最多的国家，面积达九百六十万平方公里，差不多相当于欧洲大陆的面积。

中国位于东亚，是一个伟大的国家。在古代，中国人民就创造了高度发达的光辉灿烂的文明，发明了闻名于世的陶瓷工艺、造纸工艺、丝绸工艺、印刷术、火药，以及用于航海的指南针等等技术，并传给了周边各族人民，后来传播到全世界。

中国土地辽阔，有崇山峻岭、大江大河和肥沃的平原，还有丰富的矿藏，如煤、石油、铁、铅和钨。

中国气候温和、适合农耕，农作物品种很多，有水稻、小麦、玉米、棉花、大豆、蔬菜和水果。

中国解放前是一个贫穷落后的国家，在中国共产党和毛主席的领导下于1949年十月一日建立中华人民共和国之后，它变成了一个伟大繁荣的社会主义国家。

中华人民共和国是一个统一的多民族国家,各族人民在这片宽广的土地上和睦相处、互助合作。如今,中国正朝着现代化大步前进。

اَلدَّرْسُ الثَّالِثُ وَالثَّلَاثُونَ

إِلَى بَكِين

(مِنْ يَوْمِيَّاتِ الْأُسْتَاذِ حَمِيدٍ)

غَادَرْتُ بِلَادِيَ الْعَزِيزَةَ، قَاصِدًا إِلَى الصِّينِ فِي أَوَّلِ أُكْتُوبَرَ، بِالْبَاخِرَةِ إِلَى عَدَنَ، ثُمَّ بِالطَّائِرَةِ إِلَى بَكِينَ. وَعِنْدَمَا وَصَلْتُ إِلَى هَذِهِ الْعَاصِمَةِ الْمَشْهُورَةِ فِي يَوْمِ ١٥ أُكْتُوبَرَ، جَاءَ بَعْضُ الْأَصْدِقَاءِ الصِّينِيِّينَ إِلَى الْمَطَارِ لِاسْتِقْبَالِي.

رَحَّبَ بِيَ الْأَصْدِقَاءُ الصِّينِيُّونَ تَرْحِيبًا حَارًّا، ثُمَّ قَصَدْنَا مَعًا إِلَى اسْتِرَاحَةِ الْمَطَارِ حَيْثُ شَرِبْنَا أَكْوَابًا مِنْ عَصِيرِ الْبُرْتُقَالِ وَالشَّايِ الْأَحْمَرِ وَالْقَهْوَةِ، لَكِنَّ الْأَصْدِقَاءَ لَمْ يُقَدِّمُوا إِلَيَّ سَجَائِرَ "الصِّينِ" الْمُمْتَازَةَ، لِأَنَّ التَّدْخِينَ مَمْنُوعٌ فِي الْمَطَارِ.

سَأَلُونِي عَنْ صِحَّتِي فِي الطَّرِيقِ فَقُلْتُ بِسُرُورٍ: اَلصِّحَّةُ جَيِّدَةٌ. إِنَّ سَفَرِي هُوَ سَفَرٌ إِلَى الصِّينِ الصَّدِيقَةِ الَّتِي كُنْتُ مُشْتَاقًا لِزِيَارَتِهَا مُنْذُ مُدَّةٍ طَوِيلَةٍ، فَإِذَا كَانَ السَّفَرُ مُتْعِبًا كَمَا يَقُولُ النَّاسُ، فَإِنِّي أَقُولُ: سَفَرِي مُمْتِعٌ جِدًّا. قَالَ الْأَصْدِقَاءُ الصِّينِيُّونَ: أَنْتَ ضَيْفُنَا وَصَدِيقُنَا الْعَزِيزُ، وَالصَّدِيقُ إِذَا رَأَى أَصْدِقَاءَهُ سُرَّ سُرُورًا عَظِيمًا، وَإِذَا عَاشَ

بَيْنَهُمْ فَكَأَنَّهُ يَعِيشُ بَيْنَ أَهْلِهِ وَأَقْرِبَائِهِ، فَقُلْتُ: لِقَاءٌ سَعِيدٌ لَنْ أَنْسَاهُ أَبَدًا إِنِّي لاَ أَجِدُ يَا أَصْدِقَائِي كَلِمَةً مُنَاسِبَةً لِلتَّعْبِيرِ عَنْ شُعُورِي فِي هَذَا الْوَقْتِ. أَتَيْتُ بِلاَدَكُمْ، أَوَّلاً وَقَبْلَ كُلِّ شَيْءٍ لِزِيَادَةِ الصَّدَاقَةِ بَيْنَ الشُّعُوبِ الْعَرَبِيَّةِ وَالشَّعْبِ الصِّينِيِّ. قَالُوا: نَرْجُو أَنْ تَكُونَ الصَّدَاقَةُ الصِّينِيَّةُ الْعَرَبِيَّةُ خَالِدَةً مِثْلَ السُّورِ الْعَظِيمِ.

بَعْدَ نِصْفِ سَاعَةٍ تَحَرَّكَتِ السَّيَّارَةُ وَوَصَلَتْ بِنَا إِلَى فُنْدُقِ بَكِين فِي قَلْبِ الْمَدِينَةِ. وَلَمَّا صَعِدْتُ إِلَى الطَّابِقِ الرَّابِعِ دَخَلْتُ الشَّقَّةَ رَقْمَ ٤٠٧، وَهِيَ شَقَّةٌ جَمِيلَةٌ مُرِيحَةٌ حَجَزُوهَا مُنْذُ يَوْمَيْنِ، وَفِيهَا غُرْفَةٌ لِلنَّوْمِ وَغُرْفَةٌ لِلاسْتِقْبَالِ وَحَمَّامٌ. ثُمَّ جَلَسْنَا نَتَحَدَّثُ فِي جَوٍّ مِنَ الْمَوَدَّةِ وَالْحَرَارَةِ.

وَبَعْدَ الْعَشَاءِ قَالُوا لِي: نَرْجُو أَنْ تَنَامَ مُبَكِّرًا لِتَسْتَرِيحَ مِنْ تَعَبِ السَّفَرِ، وَغَدًا سَنَحْضُرُ لِرُؤْيَتِكُمْ وَنَضَعُ مَعًا بَرْنَامَجًا لِلزِّيَارَةِ.

اَلْمُفْرَدَاتُ:

حَمِيدٌ	哈米德（男子名）
عَدَن	亚丁
غَادَرَ مُغَادَرَةً المكانَ	离开

اَلدَّرْسُ الثَّالِثُ وَالثَّلَاثُونَ   إِلَى بَكِينَ

飞机	طَائِرَةٌ جـ طَائِرَاتٌ
去，赴	قَصَدَ – قَصْدًا إِلَى مكانٍ
首都，京城	عَاصِمَةٌ جـ عَوَاصِمُ
轮船	بَاخِرَةٌ جـ بَوَاخِرُ
机场	مَطَارٌ جـ مَطَارَاتٌ
迎接；接见	اِسْتَقْبَلَ اِسْتِقْبَالًا الضَّيْفَ
欢迎	رَحَّبَ تَرْحِيبًا بِفُلَانٍ
围墙；城墙	سُورٌ جـ أَسْوَارٌ
在那里	حَيْثُ
万里长城	السُّورُ الْعَظِيمُ
橘子汁	عَصِيرُ الْبُرْتُقَالِ
开动，起动，启动	تَحَرَّكَ تَحَرُّكًا الشيءُ
烟，纸烟，香烟	سِجَارَةٌ جـ سَجَائِرُ
旅馆，饭店，宾馆	فُنْدُقٌ جـ فَنَادِقُ

咖啡	قَهْوَةٌ
旅行，旅途	سَفَرٌ جـ أَسْفَارٌ
登，上（山、楼）	صَعِدَ ـَ صُعُودًا المكانَ
使疲劳的，累人的；烦人的，费事的	مُتْعِبٌ
（楼）层	طَابِقٌ جـ طَوَابِقُ
有趣的，使人享受的，令人愉快的	مُمْتِعٌ
一套房间，套间，套房	شَقَّةٌ
亲戚，亲人	قَرِيبٌ جـ أَقْرِبَاءُ
舒适的，舒服的	مُرِيحَةٌ
会见，相会	لَقِيَ ـَ لِقَاءً فلاناً
预定	حَجَزَه ـِـُ حَجْزًا
浴室，澡堂	حَمَّامٌ جـ حَمَّامَاتٌ
空气；气氛	جَوٌّ جـ أَجْوَاءٌ

اَلْمُنَاقَشَةُ:

١) كَيْفَ قَصَدَ الأُسْتَاذُ حَمِيدٌ إلى بَكِين ؟

٢) فِي أَيِّ يَوْمٍ وَصَلَ الأُسْتَاذُ حَمِيدٌ إلى بَكِين ؟

٣) كَيْفَ اسْتَقْبَلَ الأَصْدِقَاءُ الصِّينِيُّونَ الأُسْتَاذَ حَمِيدا فِي الْمَطَارِ ؟

٤) كَيْفَ كَانَ سَفَرُ الأُسْتَاذِ حَمِيدٍ إلى بَكِين ؟

٥) أَيْنَ نَزَلَ الأُسْتَاذُ حَمِيدٌ فِي بَكِين ؟

٦) فِي أَيِّ غُرْفَةٍ كَانَ الأُسْتَاذُ حَمِيدٌ يَسْكُنُ ؟

第三十三课 到 北 京

（摘自哈米德老师的日记）

我于十月一日离开亲爱的祖国前往中国，先乘船到亚丁，再坐飞机到北京。十月十五日到达这个著名的首都时，有几位中国朋友到机场来接我。

中国朋友热烈地欢迎我，然后一起到机场休息室喝了几杯橘子汁、红茶和咖啡。朋友们没有递给我优质的“中华牌"香烟，因为机场禁止吸烟。

他们问我途中的身体状况，我高兴地说："身体很好，访问友好中国之旅是我长期的渴望，如果旅行像大家说的那样是很累的话，那么我要说我这次旅行十分愉快。"中国朋友说："你是我们的客人和好友，友人见友人，不亦乐乎；生活在友人之间就像和家人生活在一起一样。"我说："这次幸福相聚我永生难忘，朋友们，此时此刻我无法用恰当的言语来表达我的感受。我来贵国，首先是为了增进阿中人民的友谊。"他们说："愿中阿友谊像长城一样永世长存。"

半个小时后汽车开动了，把我们送到市中心的北京饭店。上到四层，住进了两天前预定的407号房，这是一个舒适优雅的套间：有卧室、客厅和卫生间。然后我们坐下来交谈，气氛友好而热烈。

晚饭后，他们对我说："希望你早点睡，旅途劳累要好好休息。明天我们再来看你，一起商定活动日程。"

اَلدَّرْسُ الرَّابِعُ والثَّلاَثُون

فِي الْمَخْزَنِ الْكَبِيرِ

— اَلْيَوْمُ يَوْمُ الأَحَدِ، لَيْسَ عِنْدَنَا بَرْنَامَجٌ خَاصٌّ لِلزِّيَارَةِ.

— إذَنْ نَذْهَبَ إِلَى مَخْزَنٍ كَبِيرٍ، مَا رَأْيُكَ؟

— حَسَنٌ، هَيَّا بِنَا!

— إنَّ هَذَا مَخْزَنٌ تِجَارِيٌّ كَبِيرٌ جِدًّا، مَاذَا يُبَاعُ فِي أَقْسَامِهِ؟

— يُبَاعُ فِي أَقْسَامِهِ حَاجَاتٌ كَثِيرَةٌ، مِثْلُ الْكَعْكِ وَالْبِسْكَوِيتِ وَالْحَلْوِيَاتِ وَالشُّكُولاَتَهْ وَالشَّايِ وَالسَّجَائِرِ وَالأَدْوِيَةِ وَالمَنْسُوجَاتِ وَالأَدَوَاتِ الْكَهْرَبَائِيَّةِ المَنْزِلِيَّةِ وَالأَدَوَاتِ المَكْتَبِيَّةِ وَلَوَازِمِ التُّوَالِيتِ...

— مَا هِيَ لَوَازِمُ التُّوَالِيتِ؟

— هِيَ مَعْجُونُ الأَسْنَانِ وَفُرْشَةُ الأَسْنَانِ وَالصَّابُونُ وَمَسْحُوقُ الغَسِيلِ وَالْفُوطُ وَالْمَنَادِيلُ وَأَوْرَاقُ التُّوَالِيتِ وَالْعُطُورُ وَالْكَرِيمُ..

— وَمَا هِيَ الأَدَوَاتُ المَكْتَبِيَّةُ؟

- مِثْلُ الْأَوْرَاقِ وَالْكُرَّاسَاتِ وَالدَّفَاتِرِ وَالْحِبْرِ وَأَقْلَامِ الْحِبْرِ وَأَقْلَامِ الرَّصَاصِ وَأَقْلَامِ الْحِبْرِ الْجَافِّ وَالْمَسَاطِرِ وَغَيْرِهَا.
- أَيْنَ تُبَاعُ الْحَقَائِبُ وَالْأَحْذِيَةُ وَالْجَوَارِبُ؟
- فِي الطَّابِقِ الثَّانِي.
- أُرِيدُ أَنْ أَشْتَرِيَ حَقِيبَةَ كَتِفٍ وَحِذَاءً لِلسَّفَرِ وَزَوْجًا مِنَ الْجَوَارِبِ الْقُطْنِيَّةِ.
- هَلْ تُحِبُّ أَنْ تَلْبَسَ حِذَاءً لِلسَّفَرِ؟
- نَعَمْ، لِأَنَّهُ مُرِيحٌ جِدًّا.
- أَلَا تَشْتَرِي بَنْطَلُونًا أَوْ قَمِيصًا أَوْ ثِيَابًا دَاخِلِيَّةً؟
- لَا، لَا أَشْتَرِي الْبَنْطَلُونَ وَلَا الْقَمِيصَ وَلَا أَيَّ شَيْءٍ آخَرَ الْيَوْمَ.
- أَيْنَ قِسْمُ الْأَقْمِشَةِ؟
- رُبَّمَا فِي الطَّابِقِ الثَّالِثِ، لِنَصْعَدْ إِلَيْهِ.
- إِنَّ أَنْوَاعَ الْأَقْمِشَةِ كَثِيرَةٌ هُنَا وَكَذَلِكَ أَلْوَانُهَا جَمِيلَةٌ.
- أَيَّ لَوْنٍ تُفَضِّلُهُ؟
- أُفَضِّلُ الْقُمَاشَ الْمُشَجَّرَ بِاللَّوْنِ الْفَاتِحِ عَلَى اللَّوْنِ الْقَاتِمِ.
- هُنَاكَ قِسْمٌ خَاصٌّ بِأَقْمِشَةِ الصُّوفِ وَالْأَلْيَافِ الصِّنَاعِيَّةِ وَالنَّايُلُونِ وَالْبُلْيَاسْتَرِ (دَكْرُون) وَالْحَرِيرِ.

— إِنَّ السِّلَعَ هُنَا مُتَوَفِّرَةٌ جِدًّا. مَاذَا يُبَاعُ فِي الطَّابِقِ الأَعْلَى؟

— تُبَاعُ هُنَاكَ السَّاعَاتُ وَالْمُنَبِّهَاتُ وَالرَّادِيُوهَاتُ وَآلاَتُ التَصْوِيرِ (اَلْكَامِيرَاتُ) وَالْكَاميرَارَقْمِيَّةُ وَالتِّلِفِزْيُونُ وَالتَّرَانْزِسْتُور وَالْفِيدِيُو وَالْكَمْبِيُوتَرُ وَأَقْرَاصُ اللِّيزَرِ وَجِهَازُ الاسْتِنْسَاخِ (النَّسَّاخَةُ).

— أَظُنُّ أَنَّ السُّوقَ مُزْدَهِرَةٌ جِدًّا، وَهَذَا انْتِصَارٌ عَظِيمٌ لِلْبِنَاءِ الاقْتِصَادِيِّ فِي بِلاَدِكُمْ.

— صَدَقْتَ.

اَلْمُفْرَدَاتُ:

مَخْزَنٌ جــ مَخَازِنُ	商场，商店；百货公司
تِجَارَةٌ	商业；贸易，生意
تِجَارِيٌّ	商业的，贸易的，商务的
خاصٌّ	特别的；私有的，私人的
الكَعْكُ الواحدةِ كَعْكَةٌ جــ كَعْكَاتٌ	糕点
شُكُولاَتَه	巧克力
سِجَارَةٌ جــ سَجَائِرُ	香烟，卷烟

بَسْكَوِيت جـ بَسْكَوِيتَات	饼干
قُمَاشٌ جـ أَقْمِشَةٌ	布，布匹
هَيَّا بِنَا!	我们走吧！
أَدَاةٌ جـ أَدَوَاتٌ	器具，用具，工具
زَوْجٌ أو زَوْجَانِ جـ أَزْوَاجٌ	一双，一对
النَّايْلُونْ	尼龙
حِذَاءٌ للسَّفَرِ	旅游鞋
اَلأَدَوَاتُ الْكَهْرَبَائِيَّةُ الْمَنْزِلِيَّةُ	家用电器
دَاخِلِيٌّ م دَاخِلِيَّةٌ	里面的，内部的
الأدواتُ المَكْتَبِيَّةُ	办公用品，文具
القُمَاشُ المُشَجَّرُ	（印）花布
لَوَازِمُ	必需品
لَوْنٌ فَاتِحٌ	浅色
لَوْنٌ قَاتِمٌ	深色
تُوَالِيتُ	厕所，洗手间，盥洗室

135 اَلدَّرْسُ الرَّابِعُ والثَّلاثُونَ فِي الْمَخْزَنِ الْكَبِيرِ

صُوفٌ جـ أَصْوَافٌ	羊毛
مَسْحُوقُ الْغَسِيلِ	洗衣粉
فُوطَةٌ جـ فُوَطٌ	毛巾
مِنْدِيلٌ جـ مَنَادِيلُ	手帕；头巾；面纱
لِيفٌ جـ أَلْيَافٌ	纤维
أَوْرَاقُ التُّوَالِيت	卫生纸，手纸
صِنَاعِيٌّ	人造的，人工的
البَلْيَاسْتَر/ دَكْرُون	的确良
عِطْرٌ جـ عُطُورٌ	香水，香精
مُنَبِّهٌ جـ مُنَبِّهَاتٌ	闹钟
رَادِيُو جـ رَادِيُوهَاتٌ	无线电，收音机
كَامِيرا جـ كَامِيرَاتٌ	照相机
أَقْلَامُ الْحِبْرِ الْجَافِّ	圆珠笔
التَّرَانْزِسْتُورُ	半导体收音机
التِلِفِزِيُونُ	电视机

الكَاميرا رقْمِيَّةُ	数码相机
اَلْفِيدِيُو	录像机
اَلْكَمْبِيُوتَرُ (اَلْحَاسُوبُ)	电脑
أَقْرَاصُ اللِّيزَرِ	光盘
جِهَازُ الاسْتِنْسَاخِ	复印机
اِنْتَصَرَ اِنْتِصَارًا	胜利，获胜（اِنْتَصَرَ عليه 战胜）
صَدَقَ ـُ صِدْقًا	说真话，讲老实话

اَلْمُنَاقَشَةُ:

١) مَاذَا يُبَاعُ فِي أَقْسَامِ الْمَخْزَنِ ؟

٢) مَا هِيَ لَوَازِمُ التَّوَالِيتِ ؟

٣) مَا هِيَ الأَدَوَاتُ الْمَكْتَبِيَّةُ ؟

٤) فِي أَيِّ طَابِقٍ تُبَاعُ الْحَقَائِبُ وَالأَحْذِيَةُ وَالْجَوَارِبُ ؟

٥) أَيْنَ يَقَعُ قِسْمُ الأَقْمِشَةِ ؟

٦) مَاذَا يُبَاعُ فِي الطَّابِقِ الأَعْلَى ؟

٧) هَلْ تُحِبُّ أَنْ تَذْهَبَ إِلَى الْمَخْزَنِ الْكَبِيرِ؟ وَهَلْ تَذْهَبُ إِلَيْهِ دَائِمًا؟

٨) صِفْ (صِفِي) لَنَا الْمَخْزَنَ الَّذِي تُفَضِّلُهُ.

第三十四课　在 大 商 场

— 今天星期天，我们没有特定的活动节目。

— 那我们就去逛大商场，好吗？

— 好啊，走吧。

— 商场好大啊，各部都卖些什么？

— 卖的东西可多了，例如：糕点、饼干、糖果、巧克力、茶、香烟、药品、纺织品、家用电器、办公用品和洗浴用品等。

— 洗浴用品包括哪些？

— 有牙膏、牙刷、肥皂、洗衣粉、毛巾、手帕、卫生纸、香水、雪花膏等。

— 那办公用品又是些什么？

— 例如：纸张、练习本、记事本、墨水、钢笔、铅笔、圆珠笔、尺子，等等。

— 箱包鞋袜在哪里卖？
— 在二层。
— 我要买一个背包、一双旅游鞋和一双棉袜。
— 你喜欢穿旅游鞋？
— 是的，旅游鞋很舒服。
— 你要不要买一条长裤？或一件衬衣？或几件内衣？
— 不啦，今天长裤、衬衣，什么都不买。
— 布在哪里？
— 大概在三层，我们上去吧。
— 这儿的布种类真多，颜色也漂亮。
— 你最喜欢哪种颜色？
— 比起深色来，我更喜欢浅色的印花布。
— 那里是专卖毛料、人造纤维、尼龙、的确凉和丝绸面料。
— 这儿的商品真是丰富。顶层卖什么？
— 钟表、收音机、照相机、数码相机、电视机、半导体收音机、录像机、电脑、光盘和复印机。
— 我看这个商场十分兴旺，这是贵国经济建设的伟大胜利。
— 你说的对。

اَلدَّرْسُ الْخَامِسُ والثَّلاَثُون

فِي الشَّارِع

اَلْمَدِينَةُ مُزْدَحِمَةٌ بالسَّيَّارَاتِ وَالْمُشَاة.

يَعِيشُ أَهْلُ الْمَدِينَة فِي أمَانٍ وَسَلاَمٍ بِفَضْلِ نِظَامِ الْمُرُورِ.

هَذِه السَّيَّارَةُ الْعَامَّةُ تَذْهَبُ مِنْ شَرْقِيِّ الْمَدِينَة إلىَ غَرْبِيِّهَا، وَهَذَا التُّرُولْلِيبَاصُ يَسِيرُ بَيْنَ الضَّاحِيَةِ الْجَنُوبِيَّةِ وَالضَّاحِيَةِ الشِّمَالِيَّةِ. هَذِه سَيَّارَةُ أُجْرَةٍ (تَاكْسِي) وَتِلْكَ سَيَّارَةُ نَقْلٍ.

مَا أشَدَّ الزِّحَامَ فِي الْمَدِينَةِ!

وَمِنْ أَجْلِ الْحِفَاظِ عَلَى نِظَامِ الْمُرُورِ وَسَلاَمَةِ النَّاسِ، وُضِعَتْ عِنْدَ مُفْتَرَقِ الشَّوَارِعِ مَصَابِيحُ مُلَوَّنَةٌ، تُضَاءُ بِالْكَهْرَبَاءِ وَخُصِّصَتْ أمَاكِنُ لِعُبُورِ الْمُشَاةِ، وَأُقِيمَتْ عَلاَمَاتٌ لِتُبَيِّنَ اتِّجَاهَ الْمُرُورِ. فَتَقِفُ السَّيَّارَاتُ وَالْمُشَاةُ جَمِيعًا عِنْدَ ظُهُورِ الضَوْءِ الأَحْمَرِ، وَتَنْطَلِقُ عِنْدَ ظُهُورِ الضَّوْءِ الأَخْضَرِ، وَتَسْتَعِدُّ لِلْحَرَكَةِ أَوِ الْوُقُوفِ عِنْدَمَا يُضِيءُ الْمِصْبَاحُ الأَصْفَرُ.

إِذَا دَخَلْتَ الْمَدِينَةَ، تَرَى هُنَاكَ رِجَالَ شُرْطَةِ الْمُرُورِ، يُقَدِّمُونَ خِدَمَاتٍ جَلِيلَةً فِي تَنْظِيمِ الْمُرُورِ، وَتَسْمَعُهُمْ يُنَادُونَ بِمُكَبِّرَاتِ الصَّوْتِ:

"هَدِّئِ السُّرْعَةَ، يَا سَائِقُ!"

"اِتَّبِعْ نِظَامَ الْمُرُورِ، يَا وَلَدُ!"

"يَا عَابِرَ الشَّارِعِ، اُعْبُرْهُ مِنَ الْمَكَانِ الْمُخَصَّصِ لِذَلِكَ!"

كُنْتُ يَوْمًا سَائِرًا فِي الْمَدِينَةِ، وَكَانَتْ شَوَارِعُهَا مُزْدَحِمَةً جِدًّا، فَضَلَلْتُ الطَّرِيقَ. ذَهَبْتُ إِلَى شُرْطِيِّ الْمُرُورِ الْوَاقِفِ فِي الْمَيْدَانِ، فَأَرْشَدَنِي أَحْسَنَ الإِرْشَادِ. شَكَرْتُهُ وَانْصَرَفْتُ عَنْهُ إِلَى حَيْثُ أُرِيدُ.

اَلْمُفْرَدَاتُ:

مُزْدَحِمٌ	拥挤的
زِحَامٌ	拥挤
مَاشٍ جـ مُشَاةٌ	步行者，行人
سَلَامَةٌ	平安，安全
بَاصٌ جـ بَاصَاتٌ	大公共汽车，大公交汽车

مُفْتَرَقُ الشَّوَارِعِ	交叉路口，十字路口
أَمَانٌ	安全，平安
مُلَوَّنٌ	有颜色的，彩色的
التُّرُولْلِيبَاص	无轨电车
أَضَاءَ إِضَاءَةً المكانَ	照亮
— المِصْبَاحَ	点灯，开灯
— المِصْبَاحُ	灯亮了
سيارةُ أُجْرَةٍ / تاكْسِي	出租汽车
سيارةُ نَقْلٍ / لُورِّيٌّ	货车，卡车
أَشَدُّ	更厉害的，更猛烈的
كَهْرَبَاءُ	电
عبَر ـُ عُبُورًا النَّهْرَ أَوْ غَيْرَهُ	渡（河），过（河、街）
فَهُوَ عَابِرٌ	通行者
مُكَبِّرُ الصَّوْتِ جـ مُكَبِّرَاتُهُ	扩音器，扩音机
عَلاَمَةٌ جـ عَلاَمَاتٌ	标记，记号

جَلِيلٌ	巨大的，重大的
اِسْتَعَدَّ اِسْتِعْدَادًا لِكَذَا	准备，预备
هَدَّأَ تَهْدِئَةً فُلاَنًا	使安静，安慰
ـــ السُرْعَةَ	减速
بَيَّنَ تَبْيِينًا كَذَا	说明，表明
اِتَّبَعَ اِتِّبَاعًا كَذَا	遵循
اِتِّجَاهٌ جـ اِتِّجَاهَاتٌ	方向
حَرَكَةٌ جـ حَرَكَاتٌ	活动，运动
ضَلَّ ـَـ ضَلاَلاً وضَلاَلَة الطريقَ	迷路
شُرْطِيٌّ جـ رِجَالُ شُرْطَةٍ	警察
أَرْشَدَ إِرْشَادًا فُلاَنًا	指导
فِي أَدَبٍ	有礼貌地

اَلْمُنَاقَشَةُ:

١) بِأَيِّ سَبَبٍ يَعِيشُ أَهْلُ الْمَدِينَةِ فِي أَمَانٍ وَسَلاَمٍ ؟

٢) لِمَاذَا وُضِعَتْ عِنْدَ مُفْتَرَقِ الشَّوَارِعِ مَصَابِيحُ مُلَوَّنَةٌ ؟

٣) أَيُّ ضَوْءٍ يَظْهَرُ تَقِفُ السَّيَّارَاتُ وَالْمُشَاةُ جَمِيعًا ؟

٤) كَيْفَ يَفْعَلُ الْمُشَاةُ وَالسَّيَّارَاتُ عِنْدَمَا يَظْهَرُ الضَّوْءُ الأَخْضَرُ ؟

٥) أَيُّ لَوْنٍ مِنْ أَلْوَانِ الْمِصْبَاحِ يُشِيرُ إِلَى الاِسْتِعْدَادِ لِلْحَرَكَةِ أَوِ الْوُقُوفِ ؟

٦) مَنْ يُقَدِّمُ خَدَمَاتٍ جَلِيلَةً فِي تَنْظِيمِ الْمُرُورِ بِالْمَدِينَةِ ؟

٧) مَاذَا حَدَثَ لِلْكَاتِبِ عِنْدَمَا كَانَ يَسِيرُ فِي الْمَدِينَةِ يَوْمًا ؟

٨) بِمَنِ اسْتَعَانَ الْكَاتِبُ ؟

第三十五课 在街上

城市里满是车辆和行人。

城里人能平平安安地生活是交通规则的功劳。

这趟公共汽车由城东到城西，这趟无轨电车从南郊去北郊，这是出租车，那是货车。

城市里多么拥挤啊！

为了维持交通秩序和保障人们的安全，十字路口安装了红绿灯，特设了行人通行的人行横道，放置了指明通行方向的路标。红灯亮，车辆和行人都得停住，绿灯亮都可通行；黄灯亮准备通行或停住。

如果你进城，你就会看到交通警察为维持交通秩序提供了许多服务，会听到他们用扩音器喊话：

"司机，请减速！"

"小孩，遵守交通秩序！"

"过马路的，请走指定的地方！"

一天，我在城里走，当时马路很拥挤，我迷了路。于是走到广场的交警那里，他有礼貌地为我指了路。我向他表示谢意，就前往我想去的地方了。

اَلدَّرْسُ السَّادِسُ والثَّلاثُون

وَسَائِلُ السَّفَرِ فِي الْبَرِّ وَالْجَوِّ

كَانَ النَّاسُ فِي الْقَدِيمِ يَنْتَقِلُونَ مِنْ مَكَانٍ إِلَى مَكَانٍ مَشْيًا عَلَى الأَقْدَامِ وَيَحْمِلُونَ أَمْتِعَتَهُمْ عَلَى ظُهُورِهِمْ، ثُمَّ اسْتَخْدَمُوا الْحَيَوَانَاتِ كَالْخَيْلِ وَالْحَمِيرِ وَالْجِمَالِ لِيَرْكَبُوهَا وَيُحَمِّلُوا عَلَيْهَا أَمْتِعَتَهُمْ.

وَلَكِنَّ بَعْضَ الأَمْتِعَةِ كَانَتْ ثَقِيلَةً جِدًّا لاَ تَقْدِرُ الْحَيَوَانَاتُ عَلَى حِمْلِهَا، فَظَلَّ الإِنْسَانُ يُفَكِّرُ حَتَى اِخْتَرَعَ الْعَجَلاَتِ الَّتِي تَجُرُّهَا الْحَيَوَانَاتُ وَرَأَى بَعْدَ ذَلِكَ أَنَّ سَيْرَ الْعَجَلاَتِ بَطِيءٌ، فَاخْتَرَعَ الْعَجَلاَتِ الَّتِي تَسِيرُ بِالْبُخَارِ كَالْقِطَارِ أَوْ بِالْبَنْزِينِ كَالسَّيَّارَةِ، وَهَكَذَا أَصْبَحَ يَقْطَعُ الْمَسَافَاتِ بِسُرْعَةٍ، فَتَقْطَعُ السَّيَّارَةُ فِي سَاعَةٍ وَاحِدَةٍ الْمَسَافَةَ الَّتِي يَقْطَعُهَا الْحَيَوَانُ فِي يَوْمٍ أَوْ أَكْثَرِ مِنْ يَوْمٍ أَحْيَانًا.

ثُمَّ فَكَّرَ الإِنْسَانُ أَيْضًا فَاخْتَرَعَ مَرَاكِبَ الْهَوَاءِ كَالطَّائِرَةِ الَّتِي يَطِيرُ فِيهَا الإِنْسَانُ عَلَى اِرْتِفَاعٍ عَظِيمٍ فَوْقَ الْجِبَالِ وَالْبِحَارِ، وَهِيَ أَسْرَعُ مِنَ الْقِطَارِ وَالسَّيَّارَةِ بِكَثِيرٍ، وَتَقَدَّمَتْ صِنَاعَةُ الطَّائِرَاتِ الآنَ، فَأَصْبَحَتْ هُنَاكَ طَائِرَاتٌ تَقْطَعُ فِي السَّاعَةِ الْوَاحِدَةِ أَكْثَرَ مِنْ أَلْفِ كِيلُومِتْرٍ وَيَحْمِلُ بَعْضُهَا أَكْثَرَ مِنْ مِائَةِ رَاكِبٍ.

وَهُنَاكَ أَيْضًا طَائِرَاتٌ سَرِيعَةٌ جِدًّا تَسْتَعْمِلُهَا الْجُيُوشُ فِي الْحَرْبِ وَأُخْرَى تَرْتَفِعُ مِنَ الأَرْضِ عَمُودِيًّا وَتَنْزِلُ حَيْثُمَا أَرَادَتِ النُّزُولَ فَلاَ تَحْتَاجُ إِلَى مَطَارٍ. وَيُحَاوِلُ الإِنْسَانُ أَنْ يَتَقَدَّمَ كُلَّ يَوْمٍ أَكْثَرَ فَأَكْثَرَ.

اَلْمُفْرَدَاتُ:

مَتَاعٌ جــ أَمْتِعَةٌ	什物；行李
مَسَافَةٌ جــ مَسَافَاتٌ	距离；行程
خَيْلٌ جــ خُيُولٌ	马队，马群
مَرْكَبٌ جــ مَرَاكِبُ	舟车（船和车）
جَمَلٌ جــ جِمَالٌ	骆驼
طَائِرَةٌ عَمُودِيَّةٌ / هِيلِيكُوبتر	直升飞机
اخْتَرَعَ اخْتِرَاعًا الشيءَ	发明，创造
عَمُودِيٌّ م عَمُودِيَّةٌ	圆柱形的；垂直的
عَجَلَةٌ جــ عَجَلاَتٌ	车轮；轮子，大车，车子
حَيْثُمَا	无论何处
جَرَّ ـُ جَرًّا الْعَجَلَةَ	拉，牵

اَلْمُنَاقَشَةُ:

١) كَيْفَ كَانَ النَّاسُ الْقُدَمَاءُ يَنْتَقِلُونَ مِنْ مَكَانٍ إِلَى مَكَانٍ ؟

٢) وَضِّحْ لَنَا كَيْفَ كَانَتْ وَسَائِلُ السَّفَرِ لِلإِنْسَانِ تَتَقَدَّمُ شَيْئًا فَشَيْئًا ؟

第三十六课 陆空交通工具

古时候人们从一个地方到另一个地方都是自己扛着行李步行。后来他们利用牲畜如马、驴和骆驼，除了乘坐，还可以让它们驮行李。

但是有些东西很重，牲畜驮不动，于是人们开动了脑筋，直到发明了由牲畜拖拉的大车，后来又认为大车慢慢悠悠的，于是发明了用蒸汽推动的车子，如火车，用汽油发动的车子，如汽车。就这样，行程变快了，汽车走一小时牲口得走一天，有时甚至得走一天多。

后来人们又动了脑筋发明了空中坐骑——飞机，乘坐它可以飞得很高，越过高山和海洋，它的速度比火车和汽车都快多了。如今飞机工业发达，有些飞机的时速超过一千公里，有些飞机可载数百名乘客。

还有一些飞机速度很快,用于军队打仗,另一些飞机可以从地面垂直升空,随意降落在任何地方而不需要机场。

人类正努力争取每天有更大的进步。

اَلدَّرْسُ السَّابِعُ والثَّلاثُونَ

وَسَائِلُ السَّفَرِ فِي الْبَحْرِ

جَلَسَ سَعِيدٌ فَوْقَ صَخْرَةٍ عَلَى شَاطِئِ الْبَحْرِ يَصْطَادُ السَّمَكَ، وَهُوَ يَنْظُرُ إِلَى الْبَحْرِ الْوَاسِعِ.

بَعْدَ قَلِيلٍ مَرَّ بِقُرْبِهِ زَوْرَقٌ فِيهِ رَجُلٌ وَاحِدٌ، ثُمَّ مَرَّتْ سَفِينَةٌ شِرَاعِيَّةٌ عَائِدَةٌ مِنَ الصَّيْدِ، تَحْمِلُ كَمِّيَّةً كَبِيرَةً مِنَ السَّمَكِ. كَانَتِ الرِّيحُ غَرْبِيَّةً شَدِيدَةً تَمْلأُ الشِّرَاعَ، فَتَنْدَفِعُ السَّفِينَةُ بِسُرْعَةٍ.

ثُمَّ شَاهَدَ سَعِيدٌ بَاخِرَةً كَبِيرَةً، لَهَا مَدْخَنَتَانِ كَبِيرَتَانِ، فَأَخَذَ يَتَأَمَّلُ الْبَاخِرَةَ، فَرَأَى عَلَى ظَهْرِهَا غُرَفًا تُشْبِهُ غُرَفَ الْبُيُوتِ الصَّغِيرَةَ، وَفَوْقَهَا عَدَدٌ كَبِيرٌ مِنَ الرِّجَالِ وَالنِّسَاءِ وَالأَوْلادِ وَالْعُمَّالِ وَكَثِيرٌ مِنَ الْبَضَائِعِ.

ظَلَّ سَعِيدٌ يُرَاقِبُ هَذِهِ الْبَاخِرَةَ حَتَى دَخَلَتِ الْمِينَاءَ، أَخَذَ الرُّكَّابُ يَنْزِلُونَ مِنْهَا وَالْعُمَّالُ يُنْزِلُونَ الْبَضَائِعَ إِلَى الْمِينَاءِ.

ثُمَّ رَأَى سَعِيدٌ الشَّمْسَ تَغِيبُ كَأَنَّهَا تَغْرَقُ فِي الْبَحْرِ، فَحَلَّ سَلَّتَهُ الَّتِي كَانَتْ قَدِ امْتَلأَتْ سَمَكًا وَعَادَ بِهَا إِلَى الْبَيْتِ.

اَلْمُفْرَدَاتُ:

شَاطِئٌ جـ شَوَاطِئُ	堤岸；海滩
تَأَمَّلَهُ تَأَمُّلاً	注视；端详
اِصْطَادَ اِصْطِيَادًا الحيوانَ أو السمكَ	打猎；捕鱼
بِضَاعَةٌ جـ بَضَائِعُ	商品，货物
زَوْرَقٌ جـ زَوَارِقُ	小艇，小船
رَاكِبٌ جـ رُكَّابٌ	乘客
أَنْزَلَ إِنْزَالا الشيءَ	取下，卸下
غَابَتْ ـِـ غَيْبًا الشَّمْسُ	日落
عَائِدَةٌ	回来的
شِرَاعٌ جـ أَشْرِعَةٌ	帆
شِرَاعِيٌّ م شِرَاعِيَّةٌ	带帆的
غَرِقَ ـَ غَرَقًا فِي كذا	沉没，淹没
اِنْدَفَعَ اِنْدِفَاعًا في سيرِه	急速前进，冲
حَلَّ ـُ حَلاًّ العُقْدَةَ	解开（绳结）
اِمْتَلأَ اِمْتِلاءً الشيءُ	充满

اَلدَّرْسُ السَّابِعُ وَالثَّلَاثُونَ   وَسَائِلُ السَّفَرِ فِي الْبَحْرِ

اَلْمُنَاقَشَةُ:

١) مَاذَا فَعَلَ سَعِيدٌ فَوْقَ صَخْرَةٍ عَلَى شَاطِئِ الْبَحْرِ؟

٢) كَمْ نَوْعًا مِنَ السَّفِينَةِ شَاهَدَهُ سَعِيدٌ وَمَا هِيَ؟

٣) مَا هِيَ جِهَةُ الرِّيحِ كَانَتْ؟

٤) مَاذَا رَأَى سَعِيدٌ عَلَى ظَهْرِ الْبَاخِرَةِ؟

٥) مَاذَا فَعَلَ الرُّكَّابُ وَالْعُمَّالُ فِي الْبَاخِرَةِ بَعْدَ دُخُولِهَا إِلَى الْمِينَاءِ؟

٦) مَاذَا رَأَى سَعِيدٌ بِسَلَّتِهِ قَبْلَ عَوْدَتِهِ إِلَى الْبَيْتِ؟

第三十七课　海上交通工具

赛义德坐在海滩的一块岩石上钓鱼，眼望茫茫大海。

一会儿，一条小船在他近旁经过，船上只有一个人。稍后又过来一艘打渔归来的帆船，满载鲜鱼。当时西风劲吹风满帆，船行如飞。

后来赛义德看见了一艘大轮船，船上有两个大烟囱，他仔细观看，只见甲板上有些像居室似的小房间，那里有很多男人、女人、孩子和工人，还有很多货物。

赛义德一直看着这艘船进港，乘客下船，工人把货卸到码头。

赛义德看到夕阳西下，犹如坠入大海，他解下了满满的鱼篓，提着回家。

اَلدَّرْسُ الثَّامِنُ وَالثَّلَاثُونَ

اَلْعَالَمُ الْعَرَبِيُّ

يَمْتَدُّ الْعَالَمُ الْعَرَبِيُّ مِنَ الْخَلِيجِ شَرْقاً إِلَى الْمُحِيطِ الْأَطْلَسِيِّ غَرْباً وَمِنَ الْبَحْرِ الْأَبْيَضِ الْمُتَوَسِّطِ وَجِبَالِ طُورُوسَ شِمَالاً إِلَى الْمُحِيطِ الْهِنْدِيِّ وَأَفْرِيقِيَا الْوُسْطَى جَنُوباً. وَفِي هَذِهِ الْبُقْعَةِ مِنَ الْأَرْضِ عَاشَ الْعَرَبُ مُنْذُ آلَافِ السِّنِينَ.

يَبْلُغُ عَدَدُ سُكَّانِ الْعَالَمِ الْعَرَبِيِّ نَحْوَ أَكْثَرَ مِنْ مِائَتَيْ مِلْيُونِ نَسَمَةٍ، يَتَكَلَّمُونَ جَمِيعًا لُغَةً وَاحِدَةً – اَللُّغَةَ الْعَرَبِيَّةَ وَتَرْبُطُهُمْ تَقَالِيدُ عَرَبِيَّةٌ وَاحِدَةٌ، وَتَدِينُ غَالِبِيَّتُهُمُ الْعُظْمَى بِالدِّينِ الْإِسْلَامِيِّ.

يَشْتَمِلُ الْعَالَمُ الْعَرَبِيُّ عَلَى أَكْثَرَ مِنْ عِشْرِينَ قُطْراً. وَتَتَأَلَّفُ هَذِهِ الْأَقْطَارُ الْعَرَبِيَّةُ مِنْ: فِي آسِيَا اَلْجُمْهُورِيَّةُ الْعَرَبِيَّةُ السُّورِيَّةُ وَالْجُمْهُورِيَّةُ الْعِرَاقِيَّةُ وَالْجُمْهُورِيَّةُ اللُّبْنَانِيَّةُ وَالْمَمْلَكَةُ الْأُرْدُنِّيَّةُ الْهَاشِمِيَّةُ وَالْمَمْلَكَةُ الْعَرَبِيَّةُ السُّعُودِيَّةُ وَدَوْلَةُ الْكُوَيْتِ وَدَوْلَةُ الْبَحْرَيْنِ وَدَوْلَةُ قَطَرَ وَدَوْلَةُ الْإِمَارَاتِ الْعَرَبِيَّةِ الْمُتَّحِدَةِ وَسَلْطَنَةُ عُمَانَ وَالْجُمْهُورِيَّةُ الْيَمَنِيَّةُ وَفِلَسْطِينَ، وَفِي أَفْرِيقِيَا جُمْهُورِيَّةُ مِصْرَ الْعَرَبِيَّةُ وَجُمْهُورِيَّةُ السُّودَانِ الدِّيمُقْرَاطِيَّةُ

وَالْجَمَاهِيرِيَّة الْعَرَبِيَّةِ اللِّيبِيَّة الاشْتِرَاكِيَّةِ الشَّعْبِيَّة وَجُمْهُورِيَّة تُونِسَ وَالْجُمْهُورِيَّةِ الْجَزَائِرِيَّةِ الدِّيمُقْرَاطِيَّةِ الشَّعْبِيَّة وَالْمَمْلَكَةِ الْمَغْرِبِيَّة وَجُمْهُورِيَّة مُورِتَانِيَا الإِسْلاَمِيَّة وَجُمْهُورِيَّةِ الصُّومَالِ الدِّيمُقْرَاطِيَّة وُجُمْهُورِيَّةِ جِيبُوتِي وَجُزُرِ الْقَمَرِ الاتِّحَادِيَّةِ الإِسْلاَمِيَّةِ.

وَيَقَعُ الْعَالَمُ الْعَرَبِيُّ بَيْنَ الْقَارَّاتِ الثَّلاَث، وَهِيَ أُورُبَّا وَآسِيَا وَأَفْرِيقِيَا، فَيَتَمَتَّعُ بِمَوْقِعٍ اسْتِرَاتِيجِيٍّ مُهِمٍّ فِي الْعَالَمِ كُلِّه وَهُوَ مَمَرٌّ بَرِّيٌّ وبَحْرِيٌّ وجَوِّيٌّ بَيْنَ هَذِهِ الْقَارَّاتِ الثَّلاَثِ.

وَيَشْتَهِرُ الْعَالَمُ الْعَرَبِيُّ بِثَرَوَاتِهِ الغَنِيَّةِ الْوَافِرَة وَخُصُوصاً الذَّهَبَ الأَسْوَدَ وَالذَّهَبَ الأَبْيَضَ أَيْ الْبِتْرُولَ وَالْقُطْنَ.

الْمُفْرَدَاتُ:

خَلِيجٌ جـ خُلْجَانٌ	海湾
البَحْرُ الأَبْيَضُ (الْمُتَوَسِّطُ)	地中海
أفْرِيقِيَا الوُسْطَى	中非
الْمُحِيطُ الأَطْلَسِيُّ/ الْمُحِيطُ الأَطْلَنْطِيُّ	大西洋
جِبَالُ طُرُوسَ / جِبَالُ طُورُوس	托罗斯山脉

بُقْعَةٌ جـ بُقَعٌ	地点，地带
نَحْوَ ...	大约，左右
رَبَطَ ـُـ رَبْطاً	联系，连接
تَقْلِيدٌ جـ تَقَالِيدُ	传统，习惯
دَانَ ـِـ دِيَانَةً بِكذا	信仰，信奉（宗教）
غَالِبِيَّةٌ	大多数
غَالِبِيَّتُهُمُ العُظْمَى	（他们）绝大多数
دِينٌ جـ أَدْيَانٌ	宗教，信仰
تَأَلَّفَ تَأَلُّفاً مِنْ كَذَا	由……组成，构成
اَلْجُمْهُورِيَّةُ الْعَرَبِيَّةُ السُّورِيَّةُ	阿拉伯叙利亚共和国
اَلْجُمْهُورِيَّةُ الْعِرَاقِيَّةُ	伊拉克共和国
اَلْجُمْهُورِيَّةُ اللُّبْنَانِيَّةُ	黎巴嫩共和国
اَلْمَمْلَكَةُ الأُرْدُنِّيَّةُ الْهَاشِمِيَّةُ	约旦哈希姆王国
اَلْمَمْلَكَةُ الْعَرَبِيَّةُ السُّعُودِيَّةُ	沙特阿拉伯王国
دَوْلَةُ الْكُوَيْتِ	科威特国
دَوْلَةُ الْبَحْرَيْنِ	巴林国

卡塔尔国	دَوْلَةُ قَطَرَ
阿拉伯联合酋长国	دَوْلَةُ الإمَارَاتِ الْعَرَبِيَّةِ الْمُتَّحِدَةِ
阿曼苏丹国	سَلْطَنَةُ عُمَانَ
也门共和国	اَلْجُمْهُورِيَّةُ الْيَمَنِيَّةُ
苏丹民主共和国	جُمْهُورِيَّةُ السُّودَانِ الدِّيمُقْرَاطِيَّةِ
阿拉伯利比亚人民社会主义合众国	الجَمَاهِيرِيَّةُ الْعَرَبِيَّةُ اللِّيبِيَّةُ الاشْتِرَاكِيَّةُ الشَّعْبِيَّةُ
突尼斯共和国	جُمْهُورِيَّةُ تُونِسَ
阿尔及利亚民主人民共和国	اَلْجُمْهُورِيةُ الْجَزَائِرِيَّةُ الدِّيمُقْرَاطِيَّةُ الشَّعْبِيَّةُ
摩洛哥王国	اَلْمَمْلَكَةُ الْمَغْرِبِيَّةُ
毛里塔尼亚伊斯兰共和国	جُمْهُورِيَّةُ مُورِتَانِيَا الإسْلاَمِيَّةِ
索马里民主共和国	جُمْهُورِيَّةُ الصُّومَالِ الدِّيمُقْرَاطِيَّةِ
吉布提共和国	جُمْهُورِيَّةُ جِيبُوتِي
科摩罗伊斯兰联邦共和国	جُزُرُ الْقَمَرِ الاتِّحَادِيَّةِ الإسْلاَمِيَّةِ

بَرِّيٌّ	陆地的，大陆的，陆上的
بَحْرِيٌّ	海洋的，海上的
جَوِّيٌّ	空中的；大气的
اِشْتَهَرَ اِشْتِهَاراً بكذا	以……闻名，著名
تَمَتَّعَ تَمَتُّعاً بكذا	享有，享受；欣赏
ذَهَبٌ	黄金
مَوْقِعٌ جـ مَوَاقِعُ	地点，地位
اِسْتِرَاتِيجِيٌّ	战略的
مَمَرٌّ جـ مَمَرَّاتٌ	通道；走廊

اَلْمُنَاقَشَةُ:

١) مَا هُوَ مَوْقِعُ الْعَالَمِ الْعَرَبِيِّ ؟

٢) كَمْ سَنَةً عَاشَ الْعَرَبُ فِي هَذِهِ الْبُقْعَةِ مِنَ الأَرْضِ ؟

٣) كَمْ عَدَدُ السُّكَّانِ فِي الْعَالَمِ الْعَرَبِيِّ ؟

٤) بِمَ يَتَّصِفُ سُكَانُ الْعَالَمِ الْعَرَبِيِّ ؟

٥) على كَمْ قُطْرٍ يَشْتَمِلُ الْعَالَمُ الْعَرَبِيُّ ؟ وَمَا هِيَ ؟

٦) مَا هِيَ الأَهَمِّيَّةُ الاِسْتِرَاتِيجِيَّةُ لِمَوْقِعِ الْعَالَمِ الْعَرَبِيِّ ؟

第三十八课　阿拉伯世界

阿拉伯世界东起海湾、西至大西洋，北连地中海和托罗斯山脉，南至印度洋和中非。几千年来阿拉伯人一直生活在这片土地上。

阿拉伯世界约有人口两亿多，讲同一种语言——阿拉伯语，共同的阿拉伯传统把他们联系在一起，绝大多数人信仰伊斯兰教。

阿拉伯世界有二十多个国家。这些阿拉伯国家包括：亚洲的叙利亚阿拉伯共和国、伊拉克共和国、黎巴嫩共和国、约旦哈希姆王国、沙特阿拉伯王国、科威特国、巴林国、卡塔尔国、阿拉伯联合酋长国、阿曼苏丹国、也门共和国、巴勒斯坦；非洲的埃及阿拉伯共和国、苏丹民主共和国、阿拉伯利比亚人民社会主义合众国、突尼斯共和国、阿尔及利亚民主人民共和国、摩洛哥王国、毛里

اَلدَّرْسُ الثَّامِنُ وَالثَّلَاثُونَ   اَلْعَالَمُ الْعَرَبِيُّ

塔尼亚伊斯兰共和国、索马里民主共和国、吉布提共和国、科摩罗伊斯兰联邦共和国。

阿拉伯世界位于欧洲、亚洲和非洲三大洲之间，扼有全世界的重要战略位置，是三大洲的海陆空交通要道。

阿拉伯世界以其丰富的资源而著名，尤其是乌金和白金，即石油和棉花。

اَلدَّرْسُ التَّاسِعُ والثَّلاثُونَ

قَنَاةُ السُّوَيْسِ

لِقَنَاةِ السُّوَيْسِ تَارِيخٌ مَكْتُوبٌ بِالدَّمِ. فَقَدْ اِرْتَوَتْ قَنَاةُ السُّوَيْسِ بِدِمَاءِ الْمِصْرِيِّينَ أَرْبَعَ مَرَّاتٍ. اَلْمَرَّةُ الأُولَى أَثْنَاءَ عَمَلِيَّةِ حَفْرِهَا، وَهِيَ الْعَمَلِيَّةُ الَّتِي اِنْتَهَتْ فِي عَامِ ١٨٦٩، وَالَّتِي مَاتَ فِيهَا آلاَفُ الْمِصْرِيِّينَ الَّذِينَ قَامُوا بِحَفْرِ الْقَنَاةِ فِي حَرِّ الصَّيْفِ وَبَرْدِ الشِّتَاءِ. وَالْمَرَّةُ الثَّانِيَةُ عِنْدَمَا حَاوَلَ الانْجِلِيزُ فِي أَوَاخِرِ الْقَرْنِ التَّاسِعِ عَشَرَ غَزْوَ مِصْرَ وَاحْتِلاَلَهَا عَنْ طَرِيقِ الاِسْكَنْدَرِيَّةِ، فَقَاوَمَتْهُمُ الْقُوَّاتُ الْمِصْرِيَّةُ وَهَزَمَتْهُمْ، فَلَجَأَتِ الْقُوَّاتُ الْبُرِيطَانِيَّةُ إِلَى قَنَاةِ السُّوَيْسِ، ثُمَّ تَمَكَّنَتْ مِنْ اِحْتِلاَلِ مِصْرَ فِي عَامِ ١٨٨٢. أَمَّا الْمَرَّةُ الثَّالِثَةُ فَكَانَتْ عِنْدَمَا شَنَّتْ دُوَلُ الْعُدْوَانِ الثُّلاَثِيِّ هُجُومَهَا الْكَبِيرَ فِي عَامِ ١٩٥٦، فَقَاوَمَهَا الْمِصْرِيُّونَ بِشَجَاعَةٍ وَبُطُولَةٍ، وَهُمْ لاَ يَخَافُونَ الْمَوْتَ، وَصَمَدُوا حَتَى النَّصْرِ. وَسَقَطَ مِنَ الْمِصْرِيِّينَ شُهَدَاءُ كَثِيرُونَ فِي مَعْرَكَةِ بُورِ سَعِيدَ الْخَالِدَةِ. أَمَّا الْمَرَّةُ الرَّابِعَةُ فَقَدْ كَانَتْ عَامَ ١٩٦٧ عِنْدَمَا وَقَفَتِ الْوِلاَيَاتُ الْمُتَّحِدَةُ إِلَى جَانِبِ إِسْرَائِيل فَقَدَّمَتْ إِلَيْهَا الْمَالَ وَالرِّجَالَ وَالسِّلاَحَ.

وَمَعارِكُ بُورَ سَعِيدَ هِيَ أَوْضَحُ دَلِيلٍ عَلَى أَهَمِّيَّةِ قَنَاةِ السُّوَيْسِ فِي الْحَرْبِ وَالسِّلْمِ عَلَى السَّوَاءِ. فَمُنْذُ قَرْنٍ مَضَى كَانَتِ السُّفُنُ الْمُتَّجِهَةُ مِنْ أُورُبَّا إِلَى الْهِنْدِ تَدُورُ حَوْلَ أَفْرِيقِيَا كُلِّهَا. وَكَانَتِ السُّفُنُ تَقْطَعُ أَكْثَرَ مِنْ ١٢،٠٠٠ مِيلٍ مِنْ لُنْدُن إِلَى بُمْبَاى. أَمَّا بَعْدَ حَفْرِ قَنَاةِ السُّوَيْسِ فَإِنَّ السُّفُنَ تَقْطَعُ نِصْفَ هَذِهِ الْمَسَافَةِ تَقْرِيبًا.

وَتَمْتَدُّ هَذِهِ الْقَنَاةُ مِنْ مِينَاءِ بُورَ سَعِيدَ فِي الْبَحْرِ الْمُتَوَسِّطِ إِلَى مِينَاءِ السُّوَيْسِ فِي الْبَحْرِ الأَحْمَرِ. وَطُولُهَا ١٠٣ أَمْيَالٍ، وَهِيَ أَعْظَمُ طَرِيقٍ لِنَقْلِ الْبِتْرُولِ إِلَى أُورُبَّا.

اَلْمُفْرَدَاتُ:

قَنَاةُ السُّوَيْسِ	苏伊士运河
دَلِيلٌ	证据，见证
مَكْتُوبٌ	被写的
عَلَى السَّوَاءِ	完全一样，都一样
اِرْتَوَى اِرْتِوَاءً مِنَ الْمَاءِ	被浇灌；喝饱，饮足
اَلْهِنْدُ	印度
بُرِيطَانِيَا / إِنْجِلْتِرَا	英国

إِنْجلِيزِيٌّ ج ــ إِنْجلِيزٌ	英国人
اَلْوِلَايَاتُ الْمُتَّحِدَةُ	美国
مِصْرِيٌّ ج ــ مِصْرِيُّونَ	埃及人
مِيلٌ ج ــ أَمْيَالٌ	英里，哩
غَزْوٌ	入侵，侵略，进犯
لُنْدُنْ	伦敦
الإِسْكَنْدَرِيَّةُ	亚历山大港
بُمْبَاى	（印度）孟买
تَمَكَّنَ تَمَكُّنًا مِنْ كَذَا	能够，能做
اِمْتَدَّ امْتِدَادًا الشيءُ	铺开，延长，伸长
صَمَدَ ـُ صَمْدًا	抵抗，抵挡

اَلْمُنَاقَشَةُ:

١) كَيْفَ نَفْهَمُ الْجُمْلَةَ الأُولَى لِلنَّصِّ—"لِقَنَاةِ السُّوَيْسِ تَارِيخٌ مَكْتُوبٌ بِالدَّمِ" ؟

٢) فِي أَيِّ سَنَةٍ انْتَهَتْ عَمَلِيَّةُ حَفْرِ الْقَنَاةِ ؟

٣) كَمْ عَدَدُ الْمِصْرِيِّينَ الَّذِينَ مَاتُوا خِلاَلَ عَمَلِيَّةِ الْحَفْرِ ؟

٤) عَنْ أَيِّ طَرِيقٍ حَاوَلَ الانْجِلِيزُ غَزْوَ مِصْرَ وَاحْتِلاَلَهَا ؟

٥) مَتَى تَمَكَّنَتِ الْقُوَّاتُ الْبُرِيطَانِيَّةُ مِنْ احْتِلاَلِ مِصْرَ ؟

٦) فِي أَيِّ سَنَةٍ شَنَّتْ دُوَلُ الْعُدْوَانِ الثُّلاَثِيِّ هُجُومَهَا الْكَبِيرَ عَلَى مِصْرَ ؟

٧) فِي أَيِّ مَعْرَكَةٍ سَقَطَ شُهَدَاءُ كَثِيرُونَ مِنَ الْمِصْرِيِّينَ لِمُقَاوَمَةِ هُجُومِ دُوَلِ الْعُدْوَانِ الثُّلاَثِيِّ ؟

٨) مَاذَا حَدَثَ فِي عَامِ ١٩٦٧ ؟

٩) اِشْرَحْ (اِشْرَحِي) لَنَا أَهَمِّيَّةَ قَنَاةِ السُّوَيْسِ.

第三十九课　苏伊士运河

苏伊士运河有一部用鲜血书写的历史。埃及人的鲜血四次流满了苏伊士运河。第一次是在运河开凿时，成千上万的埃及人因在酷夏和严冬开凿运河而丧命，运河于 1869 年竣工。第二次是在 19 世纪末英国人企图从亚历山大港侵占埃及时，埃及军队进行抵抗并击败了他们，为此英军躲到苏伊士运河,后来在 1882 年占领了埃及。第三次是在 1956 年,三个侵略国发动大进攻,埃及人不怕牺牲,英勇抗敌,直至胜利。在不朽的赛得港之战中倒下了许多埃及烈士。第四次是在 1967 年,当时美国站在以色列一边,供给钱财、人力与枪支。

赛得港的历次战役最清楚地证明,苏伊士运河无论是在战时还是平时都一样重要。在过去的一个世纪前,从欧洲驶往印度的船只需绕整个非洲航行。从伦敦到孟买的航程超过 12000 英里,自苏伊士运河开通后航程差不多减半。

运河从地中海的赛得港延伸到红海的苏伊士港,全长 103 英里,是运送石油到欧洲的最大通道。

اَلدَّرْسُ الأَرْبَعُونَ

عِنْدَ الْمَنْصُورَةِ

يَنْقَسِمُ نَهْرُ النِّيلِ إِلَى نَهْرَيْنِ بَعْدَ أَنْ يَبْتَعِدَ قَلِيلاً عَنِ الْقَاهِرَةِ.

اَلْقِسْمُ الأَوَّلُ مِنْ نَهْرِ النِّيلِ يَجْرِي نَحْوَ الشِّمَالِ الْغَرْبِيِّ وَيَصُبُّ فِي الْبَحْرِ الأَبْيَضِ الْمُتَوَسِّطِ.

اَلْقِسْمُ الثَّانِي مِنَ النَّهْرِ يَجْرِي نَحْوَ الشِّمَالِ الشَّرْقِيِّ وَيَصُبُّ فِي الْبَحْرِ الأَبْيَضِ الْمُتَوَسِّطِ أَيْضًا.

وَلِهَذَا تُسَمَّى أَرْضُ مِصْرَ الشِّمَالِيَّةُ الدِّلْتَا لأَنَّ النَّهْرَ هُنَاكَ يُشْبِهُ حَرْفَ (دَال) أَوْ حَرْفَ (دِلْتَا الْيُونَانِيِّ).

فِي قِسْمِ الشِّمَالِ الشَّرْقِيِّ نُشَاهِدُ مَدِينَةَ دِمْيَاطَ وَمَدِينَةَ الْمَنْصُورَةِ...

مَدِينَةُ اَلْمَنْصُورَةِ هِيَ بَيْنَ دِمْيَاطَ وَالْقَاهِرَةِ.

تَحْتَفِلُ الْمَنْصُورَةِ فِي ٨ مَايُو مِنْ كُلِّ عَامٍ بِعِيدِهَا الْوَطَنِيِّ.

فَقَدِ انْتَصَرَتْ قَبْلَ سَبْعِمِائَةِ سَنَةٍ تَقْرِيبًا عَلَى جَيْشِ مَلِكِ فَرَنْسَا لُوِيْسِ التَّاسِعِ، وَأَسَرَتِ الْمَلِكَ.

إِنَّ هَذَا الانْتِصَارَ يَقُولُ لَنَا: إِذَا جَرُؤَ الشَّعْبُ عَلَى النِّضَالِ وَثَابَرَ عَلَيْهِ كَرَجُلٍ وَاحِدٍ، فَإِنَّهُ يَسْتَطِيعُ أَنْ يَهْزِمَ الأَعْدَاءَ مَهْمَا كَانَ أُولَئِكَ الأَعْدَاءُ أَقْوِيَاءَ.

اَلْمُفْرَدَاتُ:

اِنْقَسَمَ اِنْقِسَامًا الشَّيْءُ إِلَى	分成
مَدِينَةُ الْمَنْصُورَةِ	曼苏拉市
اِبْتَعَدَ اِبْتِعَادًا عن ...	离开
صَبَّ ـُ صَبًّا الماءَ	倾注，倒，泼（水）
أَسَرَ ـــِ أَسْرًا الرَّجُلَ	俘获，俘虏
اَلْبَحْرُ الأَبْيَضُ الْمُتَوَسِّطُ	地中海
جَرُؤَ ـُ جَرَاءَة عَلَيْهِ	敢于，勇于
هَزَمَ ـِ هَزْمًا العدوَّ	打败，击败
دِلْتَا	三角洲
يُونَانِيٌّ	希腊的
مَدِينَةُ دِمْيَاطِ	杜姆亚特市
مَهْمَا	（条件名词）不管怎样，无论如何

اَلْمُنَاقَشَةُ:

١) كَمْ فَرْعًا يَنْقَسِمُ نَهْرُ النِّيلِ بَعْدَ أَنْ يَبْتَعِدَ قَلِيلاً عَنِ الْقَاهِرَةِ ؟

٢) نَحْوَ أَيِّ جِهَةٍ يَجْرِي الْقِسْمُ الأَوَّلُ ؟ وَفِي أَيِّ بَحْرٍ يَصُبُّ ؟

٣) نَحْوَ أَيِّ جِهَةٍ يَجْرِي الْقِسْمُ الثَّانِي ؟ وَفِي أَيِّ بَحْرٍ يَصُبُّ ؟

٤) لِمَاذَا تُسَمَّى أَرْضُ مِصْرَ الشِّمَالِيَّةُ الدِّلْتَا ؟

٥) أَيْنَ تَقَعُ مَدِينَةُ الْمَنْصُورَةِ ؟

٦) أَيُّ يَوْمٍ يُصَادِفُ الْعِيدَ الْوَطَنِيَ لِلْمَنْصُورَةِ ؟

٧) قَبْلَ سَبْعِمِائَةِ سَنَةٍ تَقْرِيبًا، عَلَى أَيِّ جَيْشٍ انْتَصَرَتِ الْمَنْصُورَةَ ؟

٨) مَاذَا اَخْبَرَنَا هَذَا الانْتِصَارُ ؟

第四十课 在曼苏拉市

尼罗河在流经开罗不远之后分成两条支流。

尼罗河的第一条支流向西北方流去，注入地中海。

尼罗河的第二条支流向东北方流去，也注入地中海。

为此，埃及北部称为“三角洲”，因为此河流经这里像

"دال"字母或希腊字母“三角洲”。

在东北部我们可看到杜姆亚特市和曼苏拉市……

曼苏拉市位于杜姆亚特市和开罗之间。

曼苏拉市在每年五月八日都会庆祝该市的民族节日。

大约七百年前，曼苏拉市曾大败法国国王路易九世的军队，并俘虏了国王本人。

这场胜利告诉我们：只要人民万众一心，敢于斗争，坚持斗争，就能战胜任何强敌。

اَلدَّرْسُ الْحَادِي والأَرْبَعُون

اَلاِحْتِفَالُ بالذِّكْرَى الأُولَى لإِعَادَةِ فَتْحِ قَنَاةِ السُّوَيْسِ

مِمّاً تُعْلِنُهُ وكَالَةُ أَنْبَاءِ الصِّينِ الْجَدِيدَةِ "شِينخُوَا" الْخَبَرَ التَّالِي:

أُقِيمَ صَبَاحَ الْيَوْمِ فِي مَدِينَةِ الاِسْمَاعِيلِيَّةِ عَرْضٌ عَسْكَرِيٌّ كَبِيرٌ اِحْتِفَالاً بِالذِّكْرَى الأُولَى لِعَوْدَةِ الْمِلاَحَةِ فِي قَنَاةِ السُّوَيْسِ.

وَصَرَّحَ مَشْهُورُ أَحْمَدَ مَشْهُورٍ رَئِيسُ هَيْئَةِ الْقَنَاةِ فِي مُؤْتَمَرٍ صَحَفِيٍّ عَقَدَهُ فِي الاِسْمَاعِيلِيَّةِ ظُهْرَ يَوْمِ الاِحْتِفَالِ بِأَنَّ إِعَادَةَ فَتْحِ الْقَنَاةِ كَانَ ثَمَرَةً لِحَرْبِ أُكْتُوبَرَ الْبَاسِلَةِ الَّتِي خَاضَتْهَا الْقُوَاتُ الْمُسَلَّحَةُ الْمِصْرِيَّةُ، وَأَشَارَ إِلَى أَنَّ الْقُوَاتِ الْمُسَلَّحَةَ الْمِصْرِيَّةَ قَادِرَةٌ عَلَى الدِّفَاعِ عَنِ الْقَنَاةِ، وَأَضَافَ أَنَّ حَوَالَيْ ١٢٫٤٠٠ سَفِينَةٍ قَدْ عَبَرَتْ قَنَاةَ السُّوَيْسِ خِلاَلَ السَّنَةِ الأُولَى مُنْذُ إِعَادَةِ فَتْحِهَا، وَلَدَى حَدِيثِهِ عَنْ مَشْرُوعِ تَطْوِيرِ الْقَنَاةِ قَالَ: "إِنَّ هٰذَا الْمَشْرُوعَ سَيُنَفَّذُ عَلَى مَرْحَلَتَيْنِ، وَبَعْدَ اكْتِمَالِ الْمَرْحَلَةِ الأُولَى فِي عَامِ ١٩٧٩ يُمكِنُ لِنَاقِلاَتِ الْبِتْرُول ذات حُمُولَةٍ ١٥٫٠٠٠ طُن أَنْ تَعْبُرَ الْقَنَاةَ، أَمَّا بَعْدَ إِتْمَامِ الْمَرْحَلَةِ الثَّانِيَةِ فَيُمْكِنُ لِنَاقِلاَتِ الْبِتْرُولِ ذات حُمُولَةٍ ٢٦٫٠٠٠ طُن

أَنْ تَعْبُرَ الْقَنَاةَ، وَتَوَجَّهَ السَّيِّدُ مَشْهُورٌ صَبَاحَ الْيَوْمِ إِلَى النُّصُبِ التَّذْكَارِيِّ لِلْجُنُودِ الْمَجْهُولِينَ بِمَدِينَةِ الْقَاهِرَةِ، وَوَضَعَ إِكْلِيلاً مِنَ الزُّهُورِ عَلَى النُّصُبِ ثُمَّ تَوَجَّهَ إِلَى قَصْرِ عَابِدِينَ فَقَدَّمَ التَّهَانِي لِلرَّئِيسِ السَّادَاتِ، هَذَا وَقَدْ بَدَأَ الاِحْتِفَالُ بِالذِّكْرَى الأُولَى لِإِعَادَةِ فَتْحِ قَنَاةِ السُّوَيْسِ فِي الأَوَّلِ مِنْ يُونِيُو وَسَيَسْتَمِرُّ أُسْبُوعًا، وَخِلاَلَ هَذِهِ الْفَتْرَةِ تُقَامُ الْمُبَارَيَاتُ الرِّيَاضِيَّةُ وَالْعُرُوضُ الْفَنِّيَّةُ، وَتُقَامُ الْمَعَارِضُ فِي مُدُنِ الْقَنَاةِ الاِسْمَاعِيلِيَّةِ وَالسُّوَيْسِ وَبُور سَعِيد."

اَلْمُفْرَدَاتُ:

قَنَاةٌ جـ قَنَوَاتٌ	运河;（广播、电视）频道
نَاقِلَةُ الْبِتْرُولِ جـ نَاقِلاَتُ الْبِتْرُولِ	油船，油轮
أَضَافَهُ – إِضَافَةً	添加，加上；补充
تَوَجَّهَ – تَوَجُّهاً	前往
مِلاَحَةٌ	航海，航行
حُمُولَةٌ	载重量，负荷
صَرَّحَ تَصْرِيحًا بِكَذَا	声明，宣布

أَتَمَّهُ - ِإتْمَامًا 完成

هَيْئَةٌ جـ هَيْئَاتٌ 组织，机构，局

تَهْنِئَةٌ جـ تَهَانٍ (التَّهَانِي) 祝贺，道贺

خَاضَ - ُ خَوْضاً اَلْمَعْرَكَةَ 进行战斗

إِكْلِيلٌ جـ أَكَالِيلُ 王冠，花环

أَشَارَ - ِإشَارَةً إِلَى 指出

نُصُبٌ جـ أَنْصَابٌ 碑

نَفَّذَ تَنْفِيذًا الأمرَ 执行，实施，贯彻

مَجْهُولٌ 不知道的，未知的，无名的

مَرْحَلَةٌ جـ مَرَاحِلُ 阶段

اَلْمُنَاقَشَةُ:

١) فِي أَيِّ مَدِينَةٍ أُقِيمَ الْعَرْضُ الْعَسْكَرِيُّ الْكَبِيرُ احْتِفَالاً بِالذِّكْرَى الأُولَى لِعَوْدَةِ الْمِلاَحَةِ فِي قَنَاةِ السُّوَيْسِ ؟

٢) مَنْ أَلْقَى الْكَلِمَةَ فِي الْمُؤْتَمَرِ الصَّحَفِيِّ ظُهْرَ يَوْمِ الاحْتِفَالِ ؟

٣) مَنْ خَاضَ حَرْبَ أُكْتُوبَر الْبَاسِلَة ؟

٤) كَمْ سَفِينَةً عَبَرَتْ قَنَاةَ السُّوَيْسِ خِلاَلَ السَّنَةِ الأُولَى مُنْذُ إِعَادَةِ فَتْحِهَا ؟

٥) مَا هِيَ قُدْرَةُ النَّقْلِ لِلْقَنَاةِ بَعْدَ اِكْتِمَالِ الْمَرْحَلَةِ الأُولَى مِنْ مَشْرُوعِ تَطْوِيرِ الْقَنَاةِ ؟

٦) مَا هِيَ قُدْرَةُ النَّقْلِ لِلْقَنَاةِ بَعْدَ إِتْمَامِ الْمَرْحَلَةِ الثَّانِيَةِ مِنَ الْمَشْرُوعِ ؟

٧) كَمْ يَوْمًا سَيَسْتَمِرُّ الاِحْتِفَالُ ؟

٨) مَاذَا سَيُقَامُ خِلاَلَ فَتْرَةِ الاِحْتِفَالِ ؟

第四十一课　庆祝苏伊士运河复航一周年

新华通讯社发布的新闻有如下消息:

为庆祝苏伊士运河复航一周年，今天上午在伊斯梅利亚市举行了盛大的阅兵式。

苏伊士运河管理局局长麦什胡尔·艾哈迈德·麦什胡尔于当天中午在伊斯梅利亚市举行的记者会上说:“苏伊士运河复航是埃及武装部队进行英勇的十月战争的结果。”他指出埃及武装部队有能力保卫苏伊士运河。他还补充说:“复航后的第一年约有 12，400 艘船通过运河”。谈到扩建苏伊士运河的工程时,他说:"这个项目将分两个阶段进行,1979年一期工程完工后,可通行载重15,000吨的油轮。到了二期工程完工,可通行载重26,000吨的油轮。"麦什胡尔先生今天上午前往开罗无名英雄纪念碑敬献花圈,然后前往阿比丁宫,向萨达特总统表示祝贺。

苏伊士运河复航一周年的庆祝活动6月1日开始,将持续一周。期间将举行各种体育比赛和艺术表演,在伊斯梅利亚市、苏伊士和赛得港举办展览。

اَلدَّرْسُ الثَّانِي والأَرْبَعُونَ

بُورَ سَعِيدُ

أُنْشِئَتْ بُورَ سَعِيدُ بَعْدَ شَقِّ قَنَاةِ السُّوَيْسِ، وَاشْتَهَرَ اسْمُهَا أَكْثَرَ بَعْدَمَا أَصْبَحَتْ أَرْضُهَا وَمِيَاهُهَا وَسَمَاؤُهَا مَيْدَانًا لِمَعْرَكَةٍ عَنِيفَةٍ فِي نُوْفَمْبَرِ ١٩٥٦، عِنْدَمَا هَاجَمَتْهَا دُوَلُ الْعُدْوَانِ الثُّلاَثِيِّ بُرِيطَانِيَا وَفَرَنْسَا وَإِسْرَائِيل. وَكَانَ ذَلِكَ بَعْدَ أَنْ أَمَّمَتْ مِصْرُ قَنَاةَ السُّوَيْسِ فِي ٢٦ يُولِيُو مِنْ نَفْسِ ذَلِكَ الْعَامِ.

وَقَدْ دَافَعَ أَهَالِي بُورَ سَعِيدَ بِشَجَاعَةٍ عَظِيمَةٍ ضِدَّ الْغَزْوِ الْجَوِّيِّ وَالْبَرِّيِّ وَالْبَحْرِيِّ... اِسْتَطَاعَ الْغُزَاةُ أَنْ يَحْتَلُّوا مَدِينَةَ بُورَ سَعِيدَ وَلَكِنَّ الأَهَالِي حَارَبُوهُمْ بِالْبَنَادِقِ وَالْفُؤُوسِ وَالسَّكَاكِينِ وَالْعُصِيِّ، وَوَاصَلُوا مُقَاوَمَتَهُمْ بِاللَّيْلِ وَالنَّهَارِ حَتَى انْسَحَبَ الْغُزَاةُ مَدْحُورِينَ، تَذَكَّرْنَا مَعْرَكَةَ بُورَ سَعِيدَ بِمَعْرَكَةِ الْمَنْصُورَةِ فِي الْقَرْنِ الثَّالِثَ عَشَرَ عِنْدَمَا اِسْتَطَاعَ أَهَالِي مَدِينَةِ الْمَنْصُورَةِ أَنْ يَتَغَلَّبُوا عَلَى جَيْشِ الْفَرَنْسِيِّينَ وَأَنْ يَأْسِرُوا مَلِكَهُمْ لُوِيْس التَّاسِعَ.

تَحْتَلُّ بُورَ سَعِيدُ الْمَكَانَةَ الثَّانِيَةَ فِي التِّجَارَةِ الْخَارِجِيَّةِ لِمِصْرَ بَعْدَ الإِسْكَنْدَرِيَّةِ وَهِيَ أَكْبَرُ مَصِيفٍ بَعْدَ الإِسْكَنْدَرِيَّةِ.

وَيُعَدُّ مِينَاؤُهَا مَحَطَّةً عَالَمِيَّةً وَقَدْ سَاعَدَ عَلَى نَشَاطِهَا سُهُولَةُ اتِّصَالِهَا بِالدَّاخِلِ بِكَثِيرٍ مِنَ الطُّرُقِ الْحَدِيدِيَّةِ وَالبَرِّيَّةِ الَّتِي تَصِلُهَا بِالْقَاهِرَةِ وَوَسَطِ الدِّلْتَا.

تَعِيشُ بُورَ سَعِيدُ عَلَى السِّيَاحَةِ، وَصَيْدِ الأَسْمَاكِ، وَخِدْمَةِ الْبَوَاخِرِ الْمَارَّةِ بِالْقَنَاةِ، كَمَا قَامَتْ فِيهَا بَعْضُ الصِّنَاعَاتِ الْحَدِيثَةِ.

اَلْمُفْرَدَاتُ:

عُدْوَانٌ	侵略
ذَكَّرَ تَذْكِيرًا	提醒，使想起
مَصِيفٌ جـ مَصَايِفُ	避暑地
غَزَا – ُ غَزْواً	侵犯，进犯
عَدَّهُ – ُ عَدّاً كذا	把他看做……
اِنْسَحَبَ اِنْسِحَابًا	撤退，撤走
هَامٌّ	重要的
مَدْحُورٌ	被打败的，被击溃的
مَارٌّ جـ مَارَّةٌ	经过的; 过者

اَلْمُنَاقَشَةُ:

١) مَتَى بَدَأَ اسْمُ بُورَ سَعِيدَ يَشْتَهِرُ أَكْثَرَ فَأَكْثَرَ ؟

٢) بِمَ حَارَبَ أَهَالِي بُورَ سَعِيدَ ضِدَّ الْغَزْوِ ؟

٣) مَا هِيَ نَتِيجَةُ مَعْرَكَةِ بُورَ سَعِيدَ ؟ وَمَا أَثَرُهَا ؟

٤) أَيُّ مَدِينَةٍ مِصْرِيَّةٍ تَحْتَلُّ الْمَرْتَبَةَ الأولَى فِي التِّجَارَةِ الْخَارِجِيَّةِ ؟

٥) مَا هِيَ أَحْوَالُ الْمُوَاصَلاَتِ فِي بُورَ سَعِيدَ ؟

٦) عَلاَمَ تَعْتَمِدُ بُورَ سَعِيدَ ؟

第四十二课　赛 得 港

赛得港是在苏伊士运河开凿后建成的。1956 年 7 月 26 日苏伊士运河实行国有化，同年 11 月英、法、以三个侵略国向赛得港发动攻击，赛得港的陆海空成了一场激战的战场，赛得港因此更加著名了。

赛得港市民以无比的英勇抵抗海陆空的入侵……侵略者虽能占领赛得港，但是市民用步枪、锄头、砍刀和棍棒跟他们搏斗，日日夜夜地进行抵抗直到侵略者败退。赛得港之战使我们想起了13世纪的曼苏拉之战,当时曼苏拉的市民战胜法国军队,俘虏了法国国王路易九世。

赛得港在埃及外贸位居第二,仅次于亚历山大港。它也是仅次于亚历山大港的第二大避暑胜地。

赛得港还是一个世界性中转站,它通过许多铁路和公路与内陆的开罗和三角洲中部相连接,交通方便促进了它的繁荣。

赛得港以旅游业、渔业和对经过苏伊士运河船只的服务业为主,此外还兴建了一些现代化工厂。

اَلدَّرْسُ الثَّالِثُ والأَرْبَعُونَ

لِمَاذَا الْهَرْبُ ؟

ذَاتَ يَوْمٍ رَأَى ثَعْلَبٌ خَدَّاعٌ دَجَاجَةً عَلَى شَجَرَةٍ تَسْتَرِيحُ فِي ظِلِّ أَوْرَاقِهَا الْخُضْرِ، فَقَالَ لِلدَّجَاجَةِ:"صَبَاحُ الْخَيْرِ، يَا عَزِيزَتِي كَيْفَ أَنْتِ؟ وَكَيْفَ حَالُ فَرْخِكِ؟"

فَقَالَتِ الدَّجَاجَةُ:"صَبَاحُ الْخَيْرِ، أَيُّهَا الثَّعْلَبُ، إِنَّنَا جَمِيعًا بِخَيْرٍ، وَكَيْفَ أَنْتَ؟"

ثُمَّ نَظَرَ الثَّعْلَبُ إِلَى الدَّجَاجَةِ، وَقَالَ لَهَا: "لِمَاذَا أَرَاكِ وَاقِفَةً عَلَى الْغُصْنِ؟ انْزِلِي، لِأَقُصَّ عَلَيْكِ أَخْبَارًا سَارَّةً."

فَقَالَتِ الدَّجَاجَةُ:"أَشْكُرُكَ كَثِيرًا، وَلَكِنَّنِي أُفَضِّلُ الْبَقَاءَ فِي مَكَانِي مِنَ الشَّجَرَةِ، قُصَّ عَلَيَّ أَخْبَارَكَ السَّارَّةَ إِذَا شِئْتَ، وَأَنَا جَالِسَةٌ هُنَا."

قَالَ الثَّعْلَبُ:"انْزِلِي أَلاَ تَعْلَمِينَ أَنَّ هَذَا الْيَوْمَ هُوَ يَوْمُ السَّلاَمِ؟ أَلاَ تَعْرِفِينَ أَنَّهُ لاَ يَجُوزُ أَنْ يَعْتَدِيَ فِيهِ أَحَدُنَا عَلَى الآخَرِ؟ انْزِلِي، انْزِلِي، انْزِلِي، وَلاَ تَخَافِي."

فَتَعَجَّبَتِ الدَّجَاجَةُ مِنْ هَذَا الْكَلاَمِ وَقَالَتْ:"أَنَا لاَ أَعْلَمُ أَنَّ هَذَا الْيَوْمَ هُوَ يَوْمُ السَّلاَمِ. وَمَعَ ذَلِكَ أُفَضِّلُ أَنْ أَبْقَى فِي مَكَانِي، لأَنِّي أَرَى كِلاَبًا تَأْتِي نَحْوَنَا مِنْ بَعِيدٍ."

فَلَمَّا سَمِعَ الثَّعْلَبُ الْخَدَّاعُ مِنَ الدَّجَاجَةِ أَنَّ الْكِلاَبَ آتِيَةٌ، خَافَ فِي نَفْسِهِ، وَرَجَفَتْ قَوَائِمُهُ، وَطَلَبَ الْهَرْبَ.

فَقَالَتِ الدَّجَاجَةُ:"قِفْ يَا أَبَا الحُصَيْنِ، لِمَاذَا الْهَرْبُ؟ أَمَا قُلْتَ إِنَّ هَذَا الْيَوْمَ هُوَ يَوْمُ السَّلاَمِ؟ فَلِمَاذَا الْهَرْبُ مِنَ الْكِلاَبِ؟"

فَأَجَابَ الثَّعْلَبُ، وَهُوَ يَعْدُو خَائِفًا جِدًّا:"آه، أَخْشَى أَنَّ الْكِلاَبَ لَمْ تَسْمَعْ بِأَنَّ هَذَا الْيَوْمَ هُوَ يَوْمُ السَّلاَمِ."

اَلْمُفْرَدَاتُ:

ثَعْلَبٌ جـ ثَعالِبُ	狐狸（通性）
اِعْتَدَى اِعْتِداءً على فلان	侵犯，侵略
خَدَّاعٌ	骗子，骗人的；狡猾的
خَافَ يَخَافُ خَوْفًا الرجلَ أَوْ مِنْهُ	害怕
دَجَاجٌ الواحدة دَجَاجَةٌ جـ دَجَاجَاتٌ	鸡
كَلْبٌ جـ كِلاَبٌ	狗
فَرْخٌ جـ أَفْرَاخٌ	小鸡，雏鸡；小鸟，雏鸟

آتٍ م آتِيَةٌ	到来的，前来的
غُصْنٌ جـ أَغْصَانٌ وغُصُونٌ	枝条，树枝
رَجَفَ ـُ رَجْفًا	发抖，颤抖，发颤
قَصَّ ـُ قَصًّا عليه الخبرَ	讲述
قَائِمَةٌ جـ قَوَائِمُ	（牲畜、桌、椅的）腿
أَبُو الحُصَيْنِ	艾布·侯逊（狐狸的绰号）
شَاءَهُ يَشَاؤُهُ مَشِيئَةً	欲，想，要
عَدَا ـُ عَدْوًا	跑
جَالِسٌ	坐着的
خَائِفٌ جـ خَائِفُونَ	恐惧者，害怕者，畏惧者
عَلِمَ ـَ عِلْمًا الأمرَ	晓得，知道
خَشِيَه ـَ خَشْيَةً	畏惧，害怕

اَلْمُنَاقَشَةُ:

١) أَيْنَ اسْتَرَاحَتِ الدَّجَاجَةُ الَّتِي رَآهَا الثَّعْلَبُ ذَاتَ يَوْمٍ ؟

٢) لِمَاذَا دَعَا الثَّعْلَبُ الدَّجَاجَةَ إِلَى النُّزُولِ ؟

٣) هَلْ كَانَ ذَلِكَ الْيَوْمُ يُصَادِفُ يَوْمَ السَّلَامِ حَقًّا؟ وَمَا مَعْنَى يَوْمِ السَّلَامِ ؟

٤) لِمَاذَا أَصَرَّتِ الدَّجَاجَةُ عَلَى عَدَمِ النُّزُولِ ؟

٥) مَا هُوَ رَدُّ فِعْلِ الثَّعْلَبِ بَعْدَ سَمَاعِ قَوْلِ الدَّجَاجَةِ إِنَّ الْكِلَابَ آتِيَةٌ ؟

٦) كَيْفَ شَرَحَ الثَّعْلَبُ لِلدَّجَاجَةِ هَرَبَهُ فِي النِّهَايَةِ ؟

٧) مَا هُوَ الدَرْسُ الَّذِي أَخَذْتَ مِنْ هَذِهِ القِصَّةِ الصَّغِيرَةِ ؟

第四十三课　为何要逃？

有一天，一只狡猾的狐狸看见一只母鸡在树上的绿叶丛中休息，就对它说："早上好！亲爱的，你好吗？你的小鸡都好吗？"

母鸡说："早上好，狐狸。我们都很好，你呢？"

狐狸望着母鸡说："我见你站在树枝上，这是为什么？下来吧，我来给你讲些好消息。"

母鸡说："非常感谢你，可我就爱呆在树上，如果你愿意讲，那你就讲你的好消息吧，我就坐在这儿听。"

狐狸说："下来吧，难道你不知道今天是和平日吗？难道你不知道今天我们任何人都不能伤害他人吗？下来吧，下来吧，别怕！"

母鸡听了这话很吃惊，便说道："我不知道今天是和平日。虽然如此，我还是选择原地不动，因为我看见有几条狗从远处朝我们这儿来了。"

狡猾的狐狸一听母鸡说狗来了，心里发毛，腿直发抖，撒丫子就跑。

母鸡说："艾布·侯逊，站住，你为什么要逃呢？不是说，今天是和平日吗？你为什么要躲开狗呢？"

狐狸一边惊慌地跑着，一边回答说："哎呀呀！我担心狗没听说过今天是和平日。"

اَلدَّرْسُ الرَّابِعُ والأَرْبَعُون

مَطَرٌ يُنْبِتُ الذَّهَبَ

طَرَابُلُسُ مِنْ اَشْهَرِ مُدُنِ لِيبِيَا عَلىَ الْبَحْرِ الأَبْيَضِ الْمُتَوَسِّطِ.

زُرْتُهَا فِي الشِّتَاءِ، وَكَانَتِ الشَّمْسُ مُشْرِقَةً، خَفِيفَةَ الدِّفْءِ، تُغْرِي بِالسَّيْرِ فِيهَا، وَكَانَ مَعِي أَحَدُ اللِّيبِيِّينَ، فَقُلْتُ لَهُ:

مَا أَمْتَعَ الْجَوَّ، وَمَا أَجْمَلَ إِشْرَاقَ الشَّمْسِ وَأَلْطَفَ دِفْئَهَا فَقَالَ:

حَقًّا، إِنَّ الْجَوَّ جَمِيلٌ، لَكِنَّا نُحِبُّ الْغَيْمَ وَنَتَطَلَّعُ إِلىَ السَّحَابِ وَنُرِيدُ الْمَطَرَ.

تَذَكَّرْتُ مَا تَعَلَّمْتُ صَغِيرًا مِنْ أَنَّ هَذِهِ الْبِلاَدَ تَحْيَا عَلىَ الْمَطَرِ وَقَالَ صَاحِبِي:

إِذَا نَزَلَ الْمَطَرُ نَبَتَ الزَّرْعُ، وَأَثْمَرَ الشَّجَرُ، وَسَمِنَتِ الْمَاشِيَةُ وَدَرَّ اللَّبَنُ، وَكَثُرَ الْخَيْرُ، وَاتَّسَعَ الرِّزْقُ.

اِسْتَمَرَّ صَاحِبِي يَقُولُ:

اَلسَّمَاءُ عِنْدَنَا لاَ تُمْطِرُ مَاءً، وَإِنَّمَا تُمْطِرُ ذَهَبًا، وَمِنْ أَمْثَالِنَا الْجَارِيَةِ عَلىَ أَلْسِنَتِنَا:

"مَطَرُ مَارْسَ ذَهَبٌ خَالِصٌ."

هُنَاكَ تَذَكَّرْتُ نِيلَنَا الْعَظِيمَ وَمَاءَهُ الْغَزِيرَ، وَجَرْيَهُ الْمُنْتَظِمَ وَخَيْرَهُ الْمُغْدِقَ، فَرَأَيْتُهُ

أَثْمَنَ مِنَ الذَّهَبِ، وَأَغْلَى مِنْ كُلِّ جَوْهَرٍ، إِنَّهُ اَلْحَيَاةُ وَنَعِيمُهَا وَرَغَدُهَا، وَقُلْتُ مَعَ أَمِيرِ الشُّعَرَاءِ شَوْقِي:

وَمَا هُوَ مَاءٌ وَلَكِنَّهُ   وَرِيدُ الْحَيَاةِ وَشَرْيَانُهَا

وَثَارَتِ الرِّيحُ يَوْمًا هُنَاكَ، وَسَاقَتِ الْغَيْمَ، وَنَزَلَ الْمَطَرُ، وَاسْتَبْشَرَ النَّاسُ، حَتَى كَانَ اللِّيبِيُّ يَلْقَي أَخَاهُ، فَلاَ يَسْأَلُ إِلاَّ عَنْ أَخْبَارِ الْمَطَرِ، وَمَدَى امْتِدَادِهِ فِي الْبِلاَدِ، وَكَانَتْ أَسْلاَكُ الْبَرْقِ تَهْتَزُّ بِأَنْبَائِهِ وَلَكِنْ مِمَّا كَدَّرَ صَفْوَ النَّاسِ أَنَّ الْمَطَرَ لَمْ يَنْزِلْ إِلاَّ بِسَاحَةٍ صَغِيرَةٍ مَدَاهَا عِشْرُونَ كِيلُومِتْرًا.

وَالنَّاسُ فِي طَرَابُلُسَ إِذَا أَبْطَأَ عَلَيْهِمِ الْمَطَرُ يَجْتَمِعُونَ فَيُصَلُّونَ صَلاَةَ الاِسْتِسْقَاءِ، يُضْرِعُونَ فِيهَا إِلَى اللهِ سُبْحَانَهُ وَتَعَالَى أَنْ يَسُوقَ إِلَيْهِمِ السَّحَابَ، وَيُنْزِلَ عَلَيْهِمِ الْغَيْثَ.

حَقًّا لاَ يَعْرِفُ فَضْلَ الْقَمَرِ إِلاَّ مَنْ سَارَ فِي الظَّلاَمِ، وَلاَ يُقَدِّرُ نِعْمَةَ النِّيلِ إِلاَّ مَنْ شَاهَدَ الْجَدْبَ وَالاِمْحَالَ.

اَلْمُفْرَدَاتُ:

طَرَابُلُسُ	的黎波里
غَيْثٌ	及时雨，甘露

أَغْرَى إِغْرَاءً بِكَذَا	引诱，诱惑
نِعْمَةٌ جـ نِعَمٌ	恩惠，恩赐
مَارْسُ	阳历三月
جَدْبٌ /اِمْحَالٌ	干旱；贫瘠，不毛之地
اَلنِّيلُ	尼罗河

اَلْمُنَاقَشَةُ:

١) أَيْنَ تَقَعُ مَدِينَةُ طَرَابُلُسَ ؟

٢) هَلِ الْمَطَرُ فِي طَرَابُلُسَ وَافِرٌ ؟ وَلِمَاذَا ؟

٣) مَا مَعْنَى الْمَثَلِ—"مَطَرُ مَارْسَ ذَهَبٌ خَالِصٌ" ؟

٤) مَاذَا يَفْعَلُ النَّاسُ فِي طَرَابُلُسَ إِذَا أَبْطَأَ عَلَيْهِمُ الْمَطَرُ ؟

٥) اِشْرَحْ (اِشْرَحِي) الْجُمْلَةَ الأَخِيرَةَ فِي نَصِّ الدَّرْسِ بِتَعْبِيرِكَ الْخَاصِّ.

第四十四课　雨水会长出金子

的黎波里是利比亚最著名的地中海城市之一。

我在冬季访问过这座城市，那时太阳高照，暖洋洋得让人想在阳光中行走。有一位利比亚人作陪，我对他说：

"多好的天气，多美的太阳，多舒服的暖意啊！"

他说：

"是啊，天气很好，但是我们喜欢阴天，期盼乌云和雨水。"

我想起了小时候学过这个国家靠雨水生存。我的同伴说：

"下了雨庄稼就会生长，树木就会结果，牲畜就会肥壮，奶汁就会满溢，物产就会丰富，给养就会充裕。"

他继续说道：

"我们这里天降下的不是雨水，而是黄金。我们有句谚语说：'三月雨贵如金。'"

我想起了伟大的尼罗河，它那充足的水和有序的奔流，它给予的丰富物产，我认为比黄金还珍贵，比珠宝都贵重，它是生命，是生命的赐惠，是生命的安乐。我跟着大诗人绍基一道吟咏：

"它不是水，而是生命之脉。"

有一天，的黎波里刮风了，驱来乌云，下起了雨，人们欢呼雀跃，以致利比亚人遇见友人不问别的，只问雨情和下雨的范围，电报传递的也都是下雨的消息。但是令人不快的是，这场雨范围很小，方圆只有20公里。

如果迟迟不下雨，的黎波里人就会聚在一起祷告求雨，祈求安拉——赞美安拉！高哉安拉！——驱来乌云，普降甘露。

的确，只有走过夜路的人才知道月亮的功德，只有见过荒凉贫瘠的人才知道尼罗河恩泽的价值。

اَلدَّرْسُ الْخَامِسُ والأَرْبَعُونَ

اَلدَّجاجَةُ الصَّغِيرَةُ الْحَمْرَاءُ

سَكَنَتِ الدَّجَاجَةُ الصَّغِيرَةُ الْحَمْرَاءُ فِي حَدِيقَةٍ. وَسَكَنَ مَعَهَا الْفَأْرُ وَالأَرْنَبُ. وَفِي أَحَدِ الأَيَّامِ نَزَلَ الْمَطَرُ. فَصَاحَتِ الدَّجَاجَةُ الْحَمْرَاءُ وَقَالَتْ: "اَلسَّمَاءُ مُمْطِرَةٌ — اَلْمَطَرُ نَازِلٌ — اَلْمَاءُ كَثِيرٌ. سَأَزْرَعُ الْفُولَ، وَسَأَطْلُبُ مِنَ الْفَأْرِ وَالأَرْنَبِ اَلْمُسَاعَدَةَ." ثُمَّ نَادَتِ الْفَأْرَ وَالأَرْنَبَ وَقَالَتْ: "مَنْ يُسَاعِدُنِي عَلَى زِرَاعَةِ الْفُولِ؟" فَقَالَ الْفَأْرُ "لَنْ أُسَاعِدَكِ." وَقَالَتِ الأَرْنَبُ: "لَنْ أُسَاعِدَكِ." فَزَرَعَتِ الدَّجَاجَةُ الصَّغِيرَةُ الْحَمْرَاءُ الْفُولَ وَحْدَهَا. فَنَبَتَ الْفُولُ وَخَرَجَ الزَّهْرُ، وَنَضِجَ الْفُولُ. وَلَمَّا رَأَتْهُ الدَّجَاجَةُ كَذَلِكَ، صَاحَتْ "اَلْفُولُ اَخْضَرُ — اَلْفُولُ نَاضِجٌ." ثُمَّ نَادَتِ الْفَأْرَ وَالأَرْنَبَ وَقَالَتْ: "مَنْ يُسَاعِدُنِي عَلَى حَصْدِ الْفُولِ؟" فَقَالَ الْفَأْرُ: "لَنْ أُسَاعِدَكِ."

فَقَالَتِ الدَّجَاجَةُ: "اَلْفُولُ فُولِي: زَرَعْتُهُ وَحْدِي وَسَأَحْصِدُهُ وَحْدِي." ثُمَّ حَصَدَتِ الْفُولَ وَحْدَهَا.

وَبَعْدَ ذَلِكَ طَلَبَتِ الدَّجَاجَةُ الصَّغِيرَةُ مِنَ الْفَأْرِ أَنْ يُسَاعِدَهَا عَلَى طَبْخِ الْفُولِ

فَأَبَى الْفَأْرُ، وَكَذَلِكَ أَبَتِ الأَرْنَبُ، فَوَضَعَتِ الدَّجَاجَةُ الْفُولَ عَلَى النَّارِ. وَلَماَّ نَضِجَ، شَمَّ الْفَأْرُ الرَّائِحَةَ اللَّذِيذَةَ وَقَالَ: "اَلْفُولُ نَاضِجٌ – اَلْفُولُ لَذِيذٌ – سَآكُلُ الْفُولَ." وَشَمَّتِ الأَرْنَبُ الرَّائِحَةَ اللَّذِيذَةَ وَقَالَتْ: "اَلْفُولُ طَيِّبٌ – اَلْفُولُ شَهِيٌّ – أُحِبُّ الْفُولَ."

فَلَمَّا سَمِعَتِ الدَّجَاجَةُ قَوْلَ الْفَأْرِ وَقَوْلَ الأَرْنَبِ قَالَتْ: "اَلْفُولُ فُولِي زَرَعْتُهُ وَحْدِي، وَطَبَخْتُهُ وَحْدِي، سَآكُلُهُ وَحْدِي كَذَلِكَ."

ثُمَّ أَكَلَتِ الدَّجَاجَةُ الصَّغِيرَةُ الْحَمْرَاءُ الْفُولَ وَحْدَهَا، وَلَمْ تَتْرُكْ مِنْهُ شَيْئًا لِلْفَأْرِ وَلاَ لِلأَرْنَبِ.

اَلْمُفْرَدَاتُ:

فَأْرٌ جـ فِئْرَانٌ	老鼠
طَبَخَهُ – ُ طَبْخاً	烹调；煮；炒
أَرْنَبٌ جـ أَرَانِبُ	兔子
أَبَى – َ إِبَاءً الشَّيْءَ	拒绝，不肯
مُمْطِرٌ	下着雨的

شَمَّهُ – ُ شَمّاً	嗅，闻
نَبَتَ – ُ نَبْتاً	（草木）生长
رَائِحَةٌ جـ رَوَائِحُ	气味
نَضِجَ – َ نَضْجاً الثَّمَرُ	（果实）成熟；煮（东西）
تَرَكَ – ُ تَرْكاً الشَّيْءَ	放弃，抛弃；留下

اَلْمُنَاقَشَةُ:

١) مَا هُوَ الْعَمَلُ الَّذِي عَقَدَتِ الدَّجَاجَةُ الصَّغِيرَةُ الْحَمْرَاءُ عَزْمَهَا عَلَيْهِ عِنْدَمَا رَأَتِ الْمَطَرَ يَنْزِلُ ؟

٢) هَلْ لَبَّى الْفَأْرُ وَالأَرْنَبُ نِدَاءَ الدَّجَاجَةِ إِلَى زِرَاعَةِ الْفُولِ ؟

٣) مَاذَا طَلَبَتِ الدَّجَاجَةُ مِنَ الْفَأْرِ وَالأَرْنَبِ أَنْ يَفْعَلاَ عِنْدَمَا حَانَ وَقْتُ حِصَادِ الْفُولِ ؟

٤) هَلْ سَاعَدَ الْفَأْرُ وَالأَرْنَبُ الدَّجَاجَةَ عَلَى حِصَادِ الْفُولِ ؟

٥) مَنْ طَبَخَ الْفُولَ ؟

٦) هَلْ شَارَكَ الْفَأْرُ وَالأَرْنَبُ فِي أَكْلِ الْفُولِ نِهَائِيًّا ؟

第四十五课　小红母鸡

小红母鸡在田园里住了下来，和它住在一起的有老鼠和兔子。有一天下了雨，小红母鸡喊道："下雨了，下雨了，雨好大！我要种豆子，还要请老鼠和兔子帮忙。"于是它喊老鼠和兔子："谁来帮我种豆子？"老鼠说："不帮。"兔子也说："不帮。"于是小红母鸡自己种豆子。豆子发芽、开花、成熟。小红母鸡看到这情景，就喊道："豆子青青的，豆子成熟了。"然后又叫老鼠和兔子："谁来帮我摘豆？"老鼠说："不帮。"

小红母鸡说："豆子是我的豆子，是我自个儿种的，我会自个摘的。"于是它自己摘了豆子。

后来小红母鸡又请老鼠帮它煮豆子，老鼠不肯，兔子也不肯。小红母鸡把豆子放到火上煮。当豆子煮熟时，老鼠闻到了豆香味儿，说："豆熟了，真香，我要吃。"兔子闻到了豆香味儿，说："豆真香，真好吃，我喜欢。"

小红母鸡听了老鼠和兔子的话后说："豆子是我的，我自己种，自己煮，自然是自己独吃啦！"

小红母鸡就独自吃了豆子，一点都没有给老鼠和兔子留下。

اَلدَّرْسُ السَّادِسُ والأَرْبَعُونَ

اَلثَّوْرُ الْمَخْدُوعُ

كَانَ لِرَجُلٍ حِمَارٌ وَثَوْرٌ، اَلأَوَّلُ أَعْجَبَتْهُ الرَّاحَةُ فَاسْتَسْلَمَ لِلْكَسَلِ وَالْخُمُولِ. وَالثَّانِي أَنْهَكَهُ التَّعَبُ حَتَى أَذَلَّهُ، وَذَاتَ يَوْمٍ شَكَا الثَّوْرُ أَمْرَهُ إِلَى الْحِمَارِ قَائِلاً:

— أَخْبِرْنِي يَا أَخِي بِمَا يُخَفِّفُ عَنِّي كَثْرَةَ الْعَمَلِ وَيُرِيحُنِي مَتَاعِبَهُ الْكَثِيرَةَ.

فَقَالَ الْحِمَارُ:

— لَقَدْ رَأَيْتُ لَكَ حِيلَةً فِيهَا خَلاَصُكَ. فَإِذَا جَاءَ الْغَدُ تَتَمَارَضُ، وَلاَ تَأْكُلُ عَلَفَكَ، فَإِذَا رَآكَ صَاحِبُنَا هَكَذَا تَرَكَكَ تَسْتَرِيحُ وَلاَ يَأْخُذُكَ لِلْحِرَاثَةِ.

إِنَّ صَاحِبَهُمَا كَانَ يَفْهَمُ لُغَةَ الْحَيَوَانَاتِ فَأَدْرَكَ حَدِيثَهُمَا.

وَفِي صَبَاحِ الْيَوْمِ التَّالِي وَجَدَ صَاحِبُهُمَا أَنَّ الثَّوْرَ قَدْ عَمِلَ بِنَصِيحَةِ الْحِمَارِ وَلَمْ يَأْكُلْ عَلَفَهُ، فَتَرَكَهُ وَأَخَذَ الْحِمَارَ بَدَلَهُ، وَحَرَثَ بِهِ كُلَّ الْيَوْمِ حَتَى كَادَ يَهْلُكُ مِنَ التَّعْبِ فَنَدِمَ الْحِمَارُ عَلَى نَصِيحَتِهِ لِلثَّوْرِ وَفَكَّرَ فِي طَرِيقَةٍ لِلْخَلاَصِ.

وَفِي الْمَسَاءِ رَجَعَ الْحِمَارُ مِنَ الْحَقْلِ، فَقَالَ لَهُ الثَّوْرُ:

— كَيْفَ أَمْضَيْتَ نَهَارَكَ يَا أَخِي؟

فَأَجَابَ الْحِمَارُ:

— عَلَى أَحْسَنِ مَا يُرَامُ، لَكِنَّنِي سَمِعْتُ كَلَامَ الصَّاحِبِ وَتَعَجَّبْتُ مِنْهُ كَثِيرًا.

فَقَالَ الثَّوْرُ:

— وَمَا ذَاكَ؟

قَالَ الْحِمَارُ:

— عِنْدَمَا شَاهَدَكَ صَاحِبُنَا عَلَى مَا كُنْتَ عَلَيْهِ مِنَ التَّعَبِ هَذَا الْيَوْمَ فَكَّرَ كَثِيرًا، ثُمَّ قَالَ: "إِذَا بَقِيَ الثَّوْرُ هَكَذَا مَرِيضًا، وَجَبَ أَنْ أَذْبَحَهُ لِئَلَّا أَخْسَرَ ثَمَنَهُ."

فَقَالَ الثَّوْرُ:

— مَا الْعَمَلُ الْآنَ يَا أَخِي؟

فَقَالَ الْحِمَارُ:

— إِنِّي أَنْصَحُكَ يَا أَخِي أَنْ تَتَخَلَّصَ مِنْ تَمَارُضِكَ، فَتَعُودُ إِلَى طَعَامِكَ فَتَأْكُلُهُ، خَشْيَةَ أَنْ يُنَفِّذَ فِيكَ صَاحِبُنَا رَأْيَهُ.

فَقَالَ الثَّوْرُ:

— صَدَقْتَ يَا أَخِي، وَنِعْمَ الرَّأْيُ رَأْيُكَ.

وَقَامَ فَوْرًا إِلَى طَعَامِهِ فَأَكَلَهُ. فَلَمَّا رَأَى صَاحِبُهُمَا ذَلِكَ أَغْرَقَ فِي الضَّحْكِ.

اَلْمُفْرَدَاتُ:

حِمَارٌ جــ حَمِيرٌ	驴，毛驴
اِتَّفَقَ اِتِّفَاقاً له	偶然，碰巧
اِسْتَسْلَمَ اِسْتِسْلاَمًا	屈服，投降
نَدِمَ – َ نَدَمًا وَنَدَامَةً	懊悔，悔悟，后悔
كَسِلَ – َ كَسَلاً	懒，懒惰
أَفْزَعَهُ إِفْزَاعًا	恐吓，吓唬
أَنْهَكَهُ إِنْهَاكًا	使筋疲力尽，使耗尽体力，使疲惫不堪
أَعْيَا إِعْيَاءً الْمَاشِي	疲劳，疲倦（不及物动词）
أَذَلَّهُ إِذْلاَلاً	使屈辱，使屈从，使低声下气
أَقْلَعَ إِقْلاَعًا عَنْ كَذَا	停止，放弃；戒（烟、酒）
تَمَارَضَ – َ تَمَارُضاً	装病
نِعْمَ	多好啊！真好！
عَلَفٌ جــ أَعْلاَفٌ وعِلاَفٌ	饲料
اَغْرَقَ إِغْرَاقًا فِي الضَّحْكِ	大笑，哈哈大笑

اَلْمُنَاقَشَةُ:

١) مَاذَا شَكَا الثَّوْرُ إِلَى الْحِمَارِ ذَلِكَ الْيَوْمَ ؟

٢) مَا هُوَ الاِقْتِرَاحُ الَّذِي طَرَحَهُ الْحِمَارُ لِلثَّوْرِ ؟

٣) لِمَاذَا نَدِمَ الْحِمَارُ عَلَى نَصِيحَةِ نَفْسِهِ لِلثَّوْرِ؟

٤) مَا هِيَ الْحِيلَةُ الَّتِي فَكَّرَ فِيهَا الْحِمَارُ لِإِعَادَةِ الثَّوْرِ إِلَى الْعَمَلِ ؟

٥) هَلْ كَانَ الصَّاحِبُ يَعْرِفُ مَا حَدَثَ بَيْنَ الثَّوْرِ وَالْحِمَارِ ؟

第四十六课　受骗的牛

从前有一个人养着一头驴和一头牛。驴好逸恶劳，懒懒散散，而牛累死累活，低声下气。一天，牛向驴诉苦道：“兄弟，告诉我怎样才能减少我的繁重工作，不受大累？”

驴说：“我想了一条解脱的妙计。明天你就装病不吃，主人见你这样子就会让你休息，不拉你去耕地。”

它们的主人能听懂动物说话，所以明白它们在谈什么。

第二天早上，主人看见牛果然听从驴的建议不吃草料，于是他就留下牛，拉上驴替牛耕了一天地，几乎把它累死了。驴后悔给牛出了主意，就想了一个自我解脱的办法。

晚上驴从田里回来，牛对它说："兄弟，白天过得怎么样？"

驴回答说："好极了！不过我听到主人说的话感到很吃惊。"

牛说："说什么？"

驴说："主人今天见到你这般疲乏，考虑再三，最后说：'如果牛一直这样病着，应该宰掉，免得吃亏。'"

牛说："兄弟，那现在该怎么办呢？"

驴说："主人对你的这种想法我很担心，所以我劝你别再装病，恢复进食。"

牛说："对，兄弟你的意见好。"

牛即刻起来进食。主人看在眼里哈哈大笑。

اَلدَّرْسُ السَّابِعُ والأَرْبَعُونَ

أَصْدِقَاءُ الْفَلاَّحِ

خَرَجَ سَعِيدٌ مِنَ الْمَدْرَسَةِ، وَذَهَبَ إِلَى أَبِيهِ فِي الْحَقْلِ، لِيُسَاعِدَهُ، كَانَ أَبُوهُ يَرْوِي الْحَقْلَ، وَكَانَ الْمَاءُ يَجْرِي بَيْنَ الزَّرْعِ، وَأَبُو قِرْدَانٍ يَقِفُ فِي وَسَطِ الزَّرْعِ وَالْمَاءِ، وَيَنْتَقِلُ مِنْ مَكَانٍ إِلَى مَكَانٍ.

وَجَاءَ أَخُوهُ الصَّغِيرُ إِبْرَاهِيمُ، وَأَخَذَ يَرْمِي هَذِهِ الطُّيُورَ بِحِجَارَةٍ صَغِيرَةٍ لِتَخَافَ وَتَبْتَعِدَ عَنِ الزَّرْعِ.

نَادَاهُ سَعِيدٌ وَقَالَ:

أُتْرُكْ هذهِ الطُّيُورَ يَا إِبْرَاهِيمُ، لاَ تَرْمِهَا بِالْحِجَارَةِ، إِنَّهَا طُيُورٌ نَافِعَةٌ. إِنَّهَا مِنْ أَصْدِقَاءِ الْفَلاَّحِ.

تَعَجَّبَ إِبْرَاهِيمُ، وَأَلْقَى الْحِجَارَةَ مِنْ يَدِه، وَسَأَلَ أَخَاهُ:

كَيْفَ تَكُونُ هذهِ الطُّيُورُ مِنْ أَصْدِقَاءِ الْفَلاَّحِ يَا أَخِي؟

قَالَ سَعِيدٌ:

أُنْظُرْ إِلَيْهَا تَجِدْ لَهَا مَنَاقِيرَ طَوِيلَةً قَوِيَّةً، تَغْرِسُهَا فِي الأَرْضِ، لِتَلْتَقِطَ الدِّيدَانَ وَالْحَشَرَاتِ الَّتِي تَضُرُّ النَّبَاتَ، هِيَ مِنْ أَصْدِقَاءِ الْفَلاَّحِ، وَكَذَلِكَ الْهُدْهُدُ وَهَزَّازُ الذَّيْلِ.

قَالَ إِبْرَاهِيمُ:

أَنَا رَأَيْتُ الْهُدْهُدَ بِرِيشِهِ الْمَنْقُوشِ، وَأَلْوَانِهِ الْجَمِيلَةِ، وَمِنْقَارِهِ الطَّوِيلِ الرَّفِيعِ وَلَكِنِّي لاَ أَعْرِفُ هَزَّازَ الذَّيْلِ.

قَالَ سَعِيدُ:

كَيْفَ لاَ تَعْرِفُ هَزَّازَ الذَّيْلِ؟ اِنَّهُ طَائِرٌ صَغِيرٌ طَوِيلُ الذَّيْلِ جَمِيلٌ يَقِفُ عَلَى الأَرْضِ، وَيَهُزُّ ذَيْلَهُ إِلَى أَعْلَى، وَإِلَى اَسْفَلَ هَزًّا سَرِيعًا. وَيُكَرِّرُ ذَلِكَ مَرَّاتٍ.

وَهُنَاكَ طَائِرٌ آخَرُ يَكْرَهُهُ النَّاسُ، وَيَظُنُّونَ أَنَّهُ شَرٌّ، مَعَ أَنَّهُ مِنْ أَصْدِقَاءِ الْفَلاَّحِ إِنَّهَا الْبُومَةُ تَعِيشُ فِي الْخَرَائِبِ، وَالْمَبَانِي الْمَهْجُورَةِ، وَلاَ تَظْهَرُ إِلاَّ فِي اللَّيْلِ، وَتَصِيحُ فِيهِ صَيْحَاتٍ عَالِيَةً مُخِيفَةً وَلَكِنَّهَا نَافِعَةٌ.

إِنَّهَا تَسْقُطُ فِي اللَّيْلِ عَلَى الْفِئْرَانِ، وَالْحَشَرَاتِ الَّتِي تَضُرُّ الزَّرْعَ، وَتَفْتَرِسُهَا، وَتُنْقِذُ الْفَلاَّحَ مِنْ شَرِّهَا.

اَلْمُفْرَدَاتُ:

رَوَى ـــِـ رَيًّا النباتَ	灌溉（庄稼）
رَمَى ـــِـ رَمْيًا الشيءَ أو بِالشيءِ	投，掷；射
مَاءٌ جـ مِيَاهٌ	水
طَيْرٌ جـ طُيُورٌ	鸟
زَرْعٌ جـ زُرُوعٌ	庄稼，农作物
حَجَرٌ جـ أَحْجارٌ وحِجَارَةٌ	石头
أَبُو قِرْدَان	朱鹭，白鹭
اِبْتَعَدَ اِبْتِعَادًا عَنْ كَذَا	避开，远离
إِبْرَاهِيمُ	易卜拉欣（男人名）
كَرَّرَ تَكْرَارًا الشيءَ	重复，反复
نَادَى مُنَادَاةً الرجلَ	呼唤，呼喊，呼叫
أُتْرُكْ	丢开！
كَرِهَ ـَـ كَرْهًا وكُرْهًا الشيءَ	憎恶，厌恶，讨厌
غَرَسَ ـِـ غَرْسًا الشَّجَرَ	栽，种，植（树），种植，栽种

ظَنَّ ـُ ظَنًّا الشَّيْءَ	推想，以为，猜测
اِلْتَقَطَ اِلْتِقَاطًا الشَّيْءَ	拾起， 捡起
دُودَةٌ جـ دُودٌ ودِيدَانٌ	虫，蛆
شَرٌّ جـ شُرُورٌ	坏，祸害
حَشَرَةٌ جـ حَشَرَاتٌ	昆虫
مَعَ أَنَّ	虽然
ضَرَّ ـُ ضَرًّا فُلاَنًا وَبِفُلاَنٍ	伤害，对……有害
بُومَةٌ جـ بُومَاتٌ	猫头鹰
هُدْهُدٌ جـ هَدَاهِدُ	戴胜鸟
خَرِبَةٌ جـ خَرَائِبُ	废墟
هَزَّازُ الذَّيْلِ	凸胸鸽
اَلْمَهْجُورَةُ	废弃的，不用的
رِيشَةٌ جـ رِيشٌ ورِيَاشٌ	羽毛
صَاحَ ـِ صِيَاحًا	叫，喊
مَنْقُوشٌ	着色的，彩画的

صَيْحَةٌ جـ صَيْحَاتٌ	叫喊声，叫声
رَفِيعٌ	细的
مُخِيفَةٌ	吓人的，可怕的
ذَيْلٌ جـ ذُيُولٌ	尾巴
سَقَطَ ـُ سُقُوطًا	倒下；落下
هَزَّ ـُ هَزًّا الشَّيْءَ أَوْ بِالشَّيْءِ	摇动，晃动
أَسْفَلُ	低的
اِفْتَرَسَ اِفْتِرَاسًا الْحَيَوَانَ	捕获（如虎豹之“捕捉”猎物）
أَنْقَذَه إِنْقَاذًا من كذا	营救，拯救

اَلْمُنَاقَشَةُ:

١) أَيُّ نَوْعٍ مِنَ الطُّيُورِ كَانَ يَقِفُ فِي وَسَطِ الزَّرْعِ وَالْمَاءِ وَيَنْتَقِلُ مِنْ مَكَانٍ إِلَى مَكَانٍ ؟

٢) مَنْ رَمَي الطُّيُورَ بِحِجَارَةٍ ؟ وَمَنْ مَنَعَ الرَامِي عَنْ رِمَايَتِهِ ؟

٣) مَا هِيَ الطُّيُورُ النَافِعَةُ ؟

٤) لِمَاذَا يُعْتَبَرُ أَبُو قِرْدَانٍ مِنْ "أَصْدِقَاءِ الْفَلاَّحِ" ؟

٥) كَيْفَ يُسَاعِدُ أَبُو قِرْدَانِ الْفَلاَّحَ فِي الزِّرَاعَةِ ؟

٦) صِفْ (صِفِي) لَنَا مَظْهَرَ كُلٍّ مِنَ الطُّيُورِ الآتِيَةِ: اَلْهُدْهُدِ وَهَزَّازِ الذَّيْلِ وَالْبُومَةِ.

٧) هَلِ الْبُومَةُ مِنْ أَعْدَاءِ الْفَلاَّحِ أَوْ أَصْدِقَائِهِ ؟

第四十七课　农民的朋友

赛义德离开学校，到田里去帮父亲干活。父亲正在浇地，水在作物间流淌，朱鹭在作物和水之间从一个地方跳到另一个地方。

弟弟易卜拉欣来了，他拿起小石子儿就打这些鸟，想把它们吓跑。

赛义德喊他：“易卜拉欣，别用石子儿打这些鸟，随它们去吧，它们是益鸟，是农民的朋友。”

易卜拉欣很惊讶，扔了手中的石子儿，问：“哥哥，这些鸟怎么会是农民的朋友呢？”

赛义德说：“你看，它们有长长的坚硬的喙，可以插入土里啄出对庄稼有害的蠕虫和昆虫，所以它们是农民的朋友，还有戴胜鸟、凸胸鸲也是农民的朋友。”

易卜拉欣说：“我看到过戴胜鸟，它的羽毛是彩色的，颜色艳丽，它的喙又长又细，但我不知道凸胸鸲。”

赛义德说：“你怎么会不知道凸胸鸲呢？它是一种有着长长尾巴的美丽小鸟，站在地上，尾巴上下快速地扑闪。”

还有一种鸟人们很讨厌它，尽管它也是农民的朋友，但大家都以为它很坏，它就是那栖息在废墟和荒屋里的猫头鹰。它只在晚上出没，高高的叫声阴森恐怖，然而它是益鸟。它在夜间捕鼠，还捕食对庄稼有害的昆虫，使农民免受其害。

اَلدَّرْسُ الثَّامِنُ والأَرْبَعُونَ

صَارَتِ الْحَبَّةُ قُبَّةً

فِي الصَّبَاحِ خَرَجَتِ الْبَطَّةُ وَذَهَبَتْ تَبْحَثُ عَنِ الطَّعَامِ، فَوَجَدَتِ الْعُشْبَ الأَخْضَرَ وَأَخَذَتْ تَأْكُلُهُ بِمنْقَارِهَا الطَّوِيلِ الْعَرِيضِ. وَمَرَّتْ بِهَا صَدِيقَتُهَا الدَّجَاجَةُ، فَقَالَتْ لَهَا: صَبَاحُ الْخَيْرِ يَا صَدِيقَتِي الْبَطَّةَ.

رَدَّتْ عَلَيْهَا الْبَطَّةُ: صَبَاحُ الْخَيْرِ يَا صَدِيقَتِي الدَّجَاجَةَ.

قَالَتِ الدَّجَاجَةُ لِلْبَطَّةِ: هَلْ عَرَفْتِ يَا صَدِيقَتِي الْبَطَّةُ مَا حَدَثَ لِصَدِيقَتِنَا الْعَنْزَةِ ؟

قَالَتِ الْبَطَّةُ: لاَ، مَا الَّذِي حَدَثَ لِصَدِيقَتِنَا الْعَنْزَةِ ؟

قَالَتِ الدَّجَاجَةُ: فِي الصَّبَاحِ كَانَتِ الْعَنْزَةُ فِي الْجَبَلِ فَوَقَعَتْ عَلَى الأَرْضِ، ثُمَّ هَمَسَتِ الدَّجَاجَةُ فِي أُذُنِ الْبَطَّةِ: لاَ تَقُولِي لأَحَدٍ.

ذَهَبَتِ الدَّجَاجَةُ وَمَشَتِ الْبَطَّةُ إِلَى بَيْتِهَا.

وَفِي الطَّرِيقِ قَابَلَتِ الْبَطَّةُ صَدِيقَتَهَا الْوَزَّةَ وَقَالَتْ لَهَا: صَبَاحُ الْخَيْرِ يَا صَدِيقَتِي الْوَزَّةُ.

رَدَّتْ عَلَيْهَا الْوَزَّةُ: صَبَاحُ الْخَيْرِ يَا صَدِيقَتِي الْبَطَّةُ.

قَالَتِ الْبَطَّةُ: هَلْ عَرَفْتِ مَا حَدَثَ لِصَدِيقَتِنَا الْعَنْزَةِ ؟

قَالَتِ الْوَزَّةُ: لاَ، مَاذَا حَدَثَ لِصَدِيقَتِنَا الْعَنْزَةِ ؟

قَالَتِ الْبَطَّةُ: فِي الصَّبَاحِ كَانَتِ الْعَنْزَةُ فِي الْجَبَلِ، فَوَقَعَتْ عَلَى الأَرْضِ فَانْكَسَرَتْ رِجْلُهَا.

حَزِنَتِ الْوَزَّةُ عَلَى صَدِيقَتِهَا الْعَنْزَةِ وَذَهَبَتِ الْبَطَّةُ بَعْدَ أَنْ قَالَتْ لِلْوَزَّةِ: أَرْجُوكِ لاَ تَقُولِي لأَحَدٍ...

ثُمَّ ذَهَبَتِ الْوَزَّةُ فَقَابَلَتْ فِي طَرِيقِهَا الأَرْنَبَ فَقَالَتْ لَهُ: صَبَاحُ الْخَيْرِ يَا صَدِيقِي الأَرْنَبُ.

الأَرْنَبُ رَدَّ عَلَيْهَا: صَبَاحُ الْخَيْرِ يَا صَدِيقَتِي الْوَزَّةُ.

قَالَتِ الْوَزَّةُ: هَلْ عَرَفْتَ مَا حَدَثَ لِصَدِيقَتِنَا الْعَنْزَةِ ؟

قَالَ الأَرْنَبُ: لاَ، مَا الَّذِي حَدَثَ لِصَدِيقَتِنَا الْعَنْزَةِ ؟

قَالَتِ الْوَزَّةُ: فِي الصَّبَاحِ كَانَتِ الْعَنْزَةُ فِي الْجَبَلِ، فَوَقَعَتْ عَلَى الأَرْضِ وَانْكَسَرَتْ رِجْلُهَا. وَجُرِحَ رَأْسُهَا.

حَزِنَ الأَرْنَبُ عَلَى صَدِيقَتِهِ الْعَنْزَةِ. وَذَهَبَتِ الْوَزَّةُ بَعْدَ أَنْ طَلَبَتْ مِنَ الأَرْنَبِ أَلاَّ

يُخْبِرَ أَحَدًا بِذَلِكَ.

مَشَى الأَرْنَبُ فَقَابَلَ فِي طَرِيقِهِ صَدِيقَهُ الدِّيكَ وَقَالَ لَهُ: صَبَاحُ الْخَيْرِ يَا صَدِيقِي الدِّيكُ.

اَلدِّيكُ رَدَّ عَلَيْهِ: صَبَاحُ الْخَيْرِ يَا صَدِيقِي الأَرْنَبُ.

قَالَ الأَرْنَبُ: هَلْ عَرَفْتَ مَا حَدَثَ لِصَدِيقَتِنَا الْعَنْزَةِ ؟

قَالَ الدِّيكُ: لاَ، مَا الَّذِي حَدَثَ لِصَدِيقَتِنَا الْعَنْزَةِ ؟

قَالَ الأَرْنَبُ: فِي الصَّبَاحِ كَانَتِ الْعَنْزَةُ فِي الْجَبَلِ فَوَقَعَتْ عَلَى الأَرْضِ وَانْكَسَرَتْ رِجْلُهَا وَجُرِحَ رَأْسُهَا وَذَهَبَتْ إِلَى الْمُسْتَشْفَى.

حَزِنَ الدِّيكُ عَلَى صَدِيقَتِهِ الْعَنْزَةِ.

بَيْنَمَا كَانَ الأَرْنَبُ يَتَكَلَّمُ مَعَ الدِّيكِ، جَاءَتِ الْعَنْزَةُ.

كَانَتِ الْعَنْزَةُ تَجْرِي وَتَنِطُّ.

حَيَّتِ الْعَنْزَةُ صَدِيقَهَا الأَرْنَبَ وَحَيَّتْ صَدِيقَهَا الدِّيكَ.

نَظَرَ الأَرْنَبُ إِلَى الْعَنْزَةِ فِي دَهْشَةٍ. وَنَظَرَ الدِّيكُ إِلَى الْعَنْزَةِ فِي دَهْشَةٍ.

سَأَلَهَا الأَرْنَبُ: مَاذَا حَدَثَ ؟

وَسَأَلَهَا الدِّيكُ: مَاذَا حَدَثَ ؟

قَالَتِ الْعَنْزَةُ: كُنْتُ فِي الْجَبَلِ آكُلُ الْعُشْبَ الأَخْضَرَ وَأَوْرَاقَ الأَشْجَارِ فَوَقَعْتُ...

تَأَلَّمْتُ قَلِيلاً وَلَكِنِّي عُدْتُ اَنِطُّ وَأَجْرِي.

ثُمَّ اَخَذَتْ تَنِطُّ وَتَجْرِي مِثْلَ الْقِرْدِ...

اَلْمُفْرَدَاتُ:

حَبَّةٌ جـ حَبَّاتٌ	种籽；一粒（米、麦），一片（药）
عُشْبٌ جـ أَعْشَابٌ (اَلْمُفْرَدُ عُشْبَةٌ)	青草
قُبَّةٌ جـ قِبَابٌ	建筑物圆顶，圆屋顶，拱白（回族用语）
مِنْقَارُ الطَّائِرِ جـ مَنَاقِيرُ	鸟嘴，喙
بَطٌّ جـ بَطَّاتٌ الْوَاحِدَةُ بَطَّةٌ	鸭子
عَرِيضٌ جـ عِرَاضٌ	宽的，宽阔的
بَحَثَ ـَ بَحْثًا عَنِ الشيءِ	寻找
حَدَثَ ـُ حُدُوثًا الأمرُ	发生
عَنْزَةٌ جـ عَنَزَاتٌ	母山羊

兔子	أَرْنَبٌ جـ أَرَانِبُ
跌倒，摔跤	وَقَعَ – وُقُوعًا فلانٌ
受伤（被动语态）	جُرِحَ
耳语	هَمَسَ في أُذُنِهِ
公鸡，雄鸡	دِيكٌ جـ دُيُوكٌ
耳，耳朵	أُذُنٌ جـ آذَانٌ
正当……之际	بَيْنَمَا
会见，遇见	قَابَلَ مُقَابَلَةً فُلَانًا
跳，蹦	نَطَّ – نَطِيطًا
鹅	وَزٌّ جـ وَزَّاتٌ الواحدةُ وَزَّةٌ
惊异，吃惊	دَهْشَةٌ
折断；破碎	انْكَسَرَ انْكِسَارًا الشيءُ
感觉疼痛	تَأَلَّمَ تَأَلُّمًا
脚，腿	رِجْلٌ جـ أَرْجُلٌ
惋惜，为……难过	حَزِنَ – حُزْنًا له وعليه
猴子	قِرْدٌ جـ قُرُودٌ

اَلْمُنَاقَشَةُ:

١) وَضِّحْ (وَضِّحِي) "صَارَتِ الْحَبَّةُ قُبَّةً" بتَعْبيرِكَ الْخَاصِ.

٢) مَاذَا قَالَتِ الدَّجَاجَةُ لِلْبَطَّةِ ؟

٣) كَيْفَ وَصَفَتِ الْبَطَّةُ لِلْوَزَّةِ الْحَادِثَ الَّذِي أَصَابَ الْعَنْزَةَ ؟

٤) مَنْ قَابَلَتِ الْوَزَّةُ فِي طَرِيقِهَا، وَمَاذَا أَخْبَرَتْهُ الْوَزَّةُ ؟

٥) مَاذَا أَضَافَ الأَرْنَبُ فِي وَصْفِ الْحَادِثِ لِصَدِيقِه الدِّيك ؟

٦) مَنْ جَاءَ بَيْنَمَا كَانَ الأَرْنَبُ يَتَكَلَّمُ مَعَ الدِّيكِ، وَمَا عَلاَقَتُهُ مَعَ الْحَادِثِ ؟

٧) مَا هُوَ الأَمْرُ عَلَى حَقِيقَتِه ؟

第四十八课　芝麻变绿豆

早晨，鸭子外出觅食，发现了一片青草，就用它那扁长的嘴巴吃起来。它的朋友母鸡经过这里，对它说：

“早上好，我的朋友，鸭子。”

鸭子回答道：“早上好，我的朋友，母鸡。”

母鸡对鸭子说：“鸭子，我的朋友，你知道我们的山羊朋友出了什么事吗？"

鸭子说："不知道呀，山羊朋友出了什么事？"

母鸡说："早晨山羊在山上摔了一跤。"然后母鸡在鸭子的耳边轻声说道："不要跟别人说啊。"

母鸡走了，鸭子朝家走去。

路上鸭子碰到了它的朋友鹅，便对它说：

"早上好，我的朋友，鹅。"

鹅回答道："早上好，我的朋友，鸭子。"

鸭子说："你知道我们的朋友山羊出了什么事吗？"

鹅说："不知道呀，我们的朋友山羊出了什么事？"

鸭子说："早晨山羊在山上摔了一跤，把腿给摔断了。"

鹅为它的朋友山羊感到难过，鸭子对鹅说："求你别告诉任何人……"说完就走了。

鹅也走了，路上遇见了兔子，鹅对兔子说：

"早上好，我的朋友，兔子。"

兔子回答说："早上好，我的朋友，鹅。"

鹅说："你知道我们的朋友山羊出了什么事吗？"

兔子说："不知道呀，我们的朋友山羊出了什么事？"

鹅说："早晨山羊在山上摔了一跤，腿摔断了，头也受了伤。"

اَلدَّرْسُ الثَّامِنُ وَالْأَرْبَعُونَ صَارَتِ الْحَبَّةُ قُبَّةً

兔子为它的朋友山羊感到难过，鹅要求兔子别对任何人说起这事，然后就走了。

兔子在路上碰见了它的朋友公鸡，兔子对它说：

"早上好，我的朋友，公鸡。"

公鸡回答说："早上好，我的朋友，兔子。"

兔子说："你可知道我们的朋友山羊出了什么事吗？"

公鸡说："不知道呀，我们的朋友山羊出了什么事？"

兔子说："早晨山羊在山上摔了一跤，腿摔断了，头摔伤了，已经去医院了。"

公鸡为它的朋友山羊感到难过。

兔子正在和公鸡说话的当儿，山羊蹦蹦跳跳地来了。

山羊向它的朋友兔子和公鸡问好。

兔子惊讶地望着山羊，公鸡也惊讶地望着它。

兔子问山羊："出了什么事？"

公鸡也问："出了什么事？"

山羊说："当时我在山上吃青草和树叶，后来就摔了……

"有一点疼，但我还是蹦蹦跳跳地跑回来了。"

说完，山羊又开始跳啊跑啊，活像只猴子……

اَلدَّرْسُ التَّاسِعُ والأَرْبَعُونَ

اَلتِّلفُونُ الْمُتَكَلِّمُ

قَالَ سَمِيرٌ لِصَدِيقِهِ:

إِنَّ مُدَرِّسَ الْفَصْلِ يُكَلِّفُنَا – بَيْنَ حِينٍ وَحِينٍ – أَنْ نَكْتُبَ فِي كُرَّاسَةِ الاِنْشَاءِ مَوْضُوعَاتٍ حُرَّةً نَخْتَارُهَا مِنْ مُطَالَعَتِنَا أَوْ نَتَحَدَّثُ فِيهَا عَنْ مُشَاهَدَاتِنَا.

وَلَقَدْ زُرْتُ مَعْرِضَ (الرَّادَارِ) الَّذِي أُقِيمَ بِالْقَاهِرَةِ سَنَةَ ١٩٥٤ وَعُرِضَتْ فِيهِ الصِّنَاعَاتُ الَّتِي تَتَّصِلُ بِالْكَهْرَبَاءِ عَلَى اخْتِلاَفِ أَنْوَاعِهَا.

وَسَرَّنِي مَا سَمَّوْهُ (التِّلِيسَكَ) أَيْ (اَلتِّلِيفُونَ السَّكَرْتِيرَ)، الَّذِي يَقُومُ بِعَمَلِ الْكَاتِبِ، أَوِ الْوَكِيلِ عَنْ رَبِّ الْبَيْتِ، أَوْ صَاحِبِ الْعَمَلِ، فَلَقَدْ وُضِعَ بِجَانِبِ السَّمَّاعَةِ جِهَازُ تَسْجِيلٍ، وَيَسْتَطِيعُ رَبُّ الْبَيْتِ إِذَا عَزَمَ عَلَى الْخُرُوجِ مِنَ الْمَنْزِلِ— أَنْ يُسَجِّلَ مَا يُرِيدُ أَنْ يُجِيبَ بِهِ، كَانَ يَقُولَ: إِنَّنِي سَأَعُودُ مَسَاءً، أَوْ بَعْدَ سَاعَتَيْنِ، أَوْ ذَهَبَ إِلَى الْقَرْيَةِ.

فَإِذَا طَلَبَهُ صَدِيقٌ– وَهُوَ غَائِبٌ– سَمِعَ جِهَازَ التَّسْجِيلِ يَرُدُّ عَلَيْهِ.

وَإِذَا رَغِبَ الْمُتَكَلِّمُ فِي أَنْ يُبَلِّغَ خَبَرًا، أَوْ يَتْرُكَ عُنْوَانًا، أَوْ يُحَدِّدَ مَوْعِدًا، فَإِنَّ جِهَازَ التَّسْجِيلِ الْمُتَّصِلَ بِالتِّلِفُونِ يَتَلَقَّى الْحَدِيثَ وَيُسَجِّلُهُ، وَيَظَلُّ هَكَذَا يَقُومُ بِدَوْرِهِ مَعَ كُلِّ مُتَكَلِّمٍ، حَتَى يَعُودُ صَاحِبُ الْبَيْتِ، فَيَرْفَعُ السَّمَّاعَةَ، وَيَسْمَعُ مَا سَجَّلَ الْجِهَازُ.

وَلِذَلِكَ قَدْ يَنُوبُ هَذَا التِّلِفُونُ عَنِ الأُسْرَةِ وَأَصْحَابِ الأَعْمَالِ فِي الرَّدِّ عَلَى الْمُتَكَلِّمِينَ.

حَقًّا إِنَّهُ ابْتِكَارٌ عَجِيبٌ وَجَمِيلٌ.

وَلَمَّا انْتَهَى سَمِيرٌ مِنْ وَصْفِهِ، سَأَلَهُ صَدِيقُهُ: وَمَا الْعُنْوَانُ الَّذِي تَخْتَارُهُ لِمَوْضُوعِكَ ؟

فَأَجَابَ سَمِيرٌ: لَقَدْ فَكَّرْتُ فِي أَكْثَرَ مِنْ عُنْوَانٍ، مِثْلَ:

مِنْ عَجَائِبِ الاخْتِرَاعِ.

أَوْ رَأَيْتُ فِي مَعْرِضِ الرَّادَارِ.

أَوْ وَكِيلٌ عَنْ صَاحِبِ التِّلِفُونِ.

أَوْ التِّلِفُونُ الْمُتَكَلِّمُ

فَقَالَ صَدِيقُهُ: إِنِّي مَسْرُورٌ بِعُنْوَانِ: اَلتِّلِفُونِ الْمُتَكَلِّمِ.

اَلْمُفْرَدَاتُ:

إِنْشَاءٌ	写作，作文
الرَّادَارُ	雷达
التِّلِفُونُ السِّكَرْتِيرُ	秘书电话
وَكِيلٌ جـ وُكَلاَءُ	代表，代理人，助理
جِهَازٌ جـ أَجْهِزَةٌ	仪器，设备；机构
جِهَازُ تَسْجِيلٍ	录音机
بَلَّغَ تَبْلِيغًا إِلَيْهِ الأَمْرَ	通报，传达，报告
سَمَّاعَةٌ	听筒；听诊器

اَلْمُنَاقَشَةُ:

١) كَيْفَ تَخْتَارُ الْمَوْضُوعَاتِ الْحُرَّةَ الَّتِي تَكْتُبُهَا فِي كُرَّاسَةِ الإِنْشَاءِ ؟

٢) مَا الَّذِي شَاهَدَهُ سَمِيرٌ فِي مَعْرِضِ الرَّادَارِ ؟

٣) صِفْ التِّلِيفُونَ الْمُتَكَلِّمَ وَبَيِّنْ كَيْفَ يَقُومُ بِتَسْجِيلِ الْمُكَالَمَاتِ.

٤) مَا الْفَوَائِدُ الاِقْتِصَادِيَّةُ الَّتِي يُؤَدِّيهَا التِّلِيفُونُ السَّكَرْتِيرُ ؟

第四十九课　会说话的电话

赛米尔对他的朋友说:"老师时不时布置我们自由命题作文,我们可以阅读材料选题,或谈谈我们的见闻。

"1954年我参观了在开罗举办的"雷达"展览会,其中展出了各式各样与电相关的工业产品。我很喜欢一种被称为"电话秘书"的东西,它可以完成文秘工作,或是成为户主或老板的代理。在听筒旁放一台录音机,户主若打算外出可以录下留言如:我傍晚或是两小时后回家,或是到村子里去。当朋友来电话他不在时,可以听录音机,再给予答复。如果来电者想告诉什么消息或是想留下地址,或是想约定一个时间,与电话机相连的录音机就可以收录下来,录音机就这样应对着每位来电者,直到主人回来拿起电话筒,就可以听到录音。所以这部电话可以代替户主或是老板答复来电者。它的确是一项奇妙的创造。"

赛米尔描述完,他的朋友问他:"那你的作文选什么作题目?"

赛米尔答道:"我想了不止一个题目,如:神奇的创造、在雷达展览会上的见闻、电话主人的代理、会说话的电话……"

他的朋友说:"我喜欢'会说话的电话'这个题目。"

اَلدَّرْسُ الْخَمْسُون

اَلْمُوَاطِنُ الصَّالِحُ

جَلَسَ الْوَالِدُ إلىَ مَكْتَبِهِ، يُطَالِعُ فِي إِحْدَى الْمَجَلاَّتِ، فَأَقْبَلَ عَلَيْهِ وَلَدُهُ كَمَالٌ يَسْأَلُهُ:

مَاذَا تَقْرَأُ الْيَوْمَ يَا وَالِدِي ؟ هَلْ تَقْرَأُ قِصَّةً لِتَحْكِيهَا لِي كَمَا وَعَدْتَنِي ؟

قَالَ الْوَالِدُ:

لاَ يَا كَمَالُ، إِنَّنِي الْيَوْمَ أَقْرَأُ مَوْضُوعًا آخَرَ ؟

فَقَالَ كَمَالٌ:

وَمَا هُوَ ؟

فَأَجَابَهُ:

إِنَّهُ مَوْضُوعٌ عُنْوَانُهُ: صِفَاتُ الْمُوَاطِنِ الصَّالِحِ. أُحِبُّ أَنْ تَعْلَمَ أَنَّ الْمُوَاطِنَ هُوَ مَنْ يَعِيشُ مَعَكَ فِي وَطَنٍ وَاحِدٍ، فَزُمَلاَؤُكَ فِي الْمَدْرَسَةِ، وَأَهْلُكَ وَأَصْحَابُكَ، وَغَيْرُهُمْ مِنْ أَبْنَاءِ الْوَطَنِ الَّذِينَ تَعْرِفُهُمْ، وَالَّذِينَ لاَ تَعْرِفُهُمْ، مِمَّنْ يُقِيمُونَ مَعَكَ فِي هَذَا

الْوَادِي... كُلُّهُمْ مُوَاطِنُونَ.

وَكُلُّ مُوَاطِنٍ مِنْ هَؤُلاَءِ عَلَيْهِ وَاجِبَاتٌ يَلْزَمُهُ أَنْ يَقُومَ بِهَا، لِخِدْمَةِ الْوَطَنِ وَالْمُوَاطِنِينَ. فَمَنْ عَمِلَ هَذِهِ الْوَاجِبَاتِ لِبِلاَدِهِ، وَأَخْلَصَ لِوَطَنِهِ، كَانَ مُوَاطِنًا صَالِحًا.

قَالَ كَمَالٌ:

وَمَا هَذِهِ الْوَاجِبَاتُ الَّتِي يَجِبُ اَنْ يَقُومَ بِهَا الشَّخْصُ، لِيَكُونَ مُوَاطِنًا صَالِحًا؟

قَالَ الْوَالِدُ:

اِنَّ كُلَّ مُوَاطِنٍ يَسْتَطِيعُ اَنْ يَخْدُمَ الْبِلاَدَ فِي النَّاحِيَةِ الَّتِي يَعْمَلُ فِيهَا:

— فَالْجُنْدِيُّ الَّذِي يَسْهَرُ لِيَحْرِسَ أَرْوَاحَنَا وَأَمْوَالَنَا، وَيَرُدُّ عَنَّا الأَعْدَاءَ... مُوَاطِنٌ صَالِحٌ.

— وَالْفَلاَّحُ الَّذِي يَعْمَلُ فِي حَقْلِهِ، وَيُخْرِجُ لَنَا الْحُبُوبَ وَالْفَاكِهَةَ وَيُرَبِّي لَنَا الْحَيَوَانَ ... مُوَاطِنٌ صَالِحٌ.

— وَالصَّانِعُ الَّذِي يُتْقِنُ مَا يَصْنَعُهُ، مِنْ نِجَارَةٍ، أَوْ حِدَادَةٍ، أَوْ طِبَاعَةٍ... مُوَاطِنٌ صَالِحٌ.

— اَلطَّبِيبُ الَّذِي يُخْلِصُ فِي عِلاَجِ الْمَرْضَى وَالضُّعَفَاءِ... مُوَاطِنٌ صَالِحٌ.

— وَالْمُوَظَّفُ الَّذِي يَقُومُ بِأَعْمَالِ وَظِيفَتِهِ بِنَشَاطٍ وَاِخْلاَصٍ، وَيَحْرِصُ عَلَى

مَوَاعِيدِ عَمَلِهِ وَيَصُونُ أَمْوَالَ الدَّوْلَةِ وَأَمْلَاكَهَا... مُوَاطِنٌ صَالِحٌ.

قَالَ كَمَالٌ:

وَهَلْ أَقْدِرُ أَنَا أَيْضًا أَنْ أَكُونَ مُوَاطِنًا صَالِحًا؟

فَرَدَّ عَلَيْهِ الْوَالِدُ:

نَعَمْ يَا كَمَالُ، اِنَّكَ إِذَا احْتَرَمْتَ أَسَاتِذَتَكَ وَحَافَظْتَ عَلَى صِحَّتِكَ، وَاجْتَهَدْتَ فِي دُرُوسِكَ، وَسَاعَدْتَ الضُّعَفَاءَ، وَأَحْسَنْتَ مُعَامَلَةَ غَيْرِكَ... فَإِنَّكَ تَكُونُ مُوَاطِنًا صَالِحًا.

اَلْمُفْرَدَاتُ:

وَعَدَ ــِــ وَعْدًا فُلَانًا الأمرَ أو بِهِ	许诺，应许，约定
صِفَةٌ جـ صِفَاتٌ	属性；品质；特征
لَزِمَ ــَــ لُزُومًا فُلَانًا الأمرُ أو الشيءُ	成为必须
أَخْلَصَ إِخْلَاصًا لَهُ	忠于，对……忠诚
نِجَارَةٌ	木匠（活），木工业（手艺）
حِدَادَةٌ	铁匠（活），铁匠业（手艺）

طِبَاعَةٌ	印刷术，印刷业
ضَعِيفٌ جـ ضُعَفَاءُ	弱的，软弱的；弱者
صَانَهُ ـــُ صَوْنًا وَصِيَانًا	保护，维护，维修

اَلْمُنَاقَشَةُ:

١) مَاذَا فَعَلَ الْوَالِدُ عِنْدَمَا جَلَسَ إِلَى مَكْتَبِهِ؟

٢) مَنْ هُوَ الْمُوَاطِنُ؟

٣) كَيْفَ يُمْكِنُ أَنْ يَكُونَ الشَّخْصُ مُوَاطِنًا صَالِحًا؟

٤) مَاذَا قَالَ الْوَالِدُ لِكَمَالٍ بَعْدَمَا أَعْرَبَ كَمَالٌ عَنْ رَغْبَتِهِ فِي أَنْ يَكُونَ مُوَاطِنًا صَالِحًا؟

第五十课　好公民

　　父亲坐在书房看一本杂志，儿子凯玛勒来到他身旁问他："爸爸，你今天在读什么？是读你答应要讲给我听的故事吗？"爸爸说："不是，凯玛勒，我今天读的是另一个内

اَلدَّرْسُ الْخَمْسُونَ   اَلْمُوَاطِنُ الصَّالِحُ

容。"凯玛勒说:"是什么?"爸爸答道:"题目是'好公民的品质'。我想让你知道,公民就是和你生活在一个国家的人,是你学校的同学或亲友,还有其他你认识的、不认识的这个国家的人,他们和你同住在一个河谷,也都是公民。

"每个公民都有为国家和为同胞服务的应尽义务。谁尽了这些义务,忠于祖国,他就是一个好公民。"

凯玛勒说:"要成为一个好公民,个人应尽一些什么义务呢?"

爸爸说:"每个公民可以在自己的岗位上为国家服务。因此:

"——为保护我们的生命财产,抗击我们的敌人,而彻夜不眠的士兵,是好公民。

"——为我们生产谷物水果,饲养牲畜,而在田园里劳作的农民,是好公民。

"——精于手艺的木工、铁匠或印刷工,是好公民。

"——热诚救死扶伤的医生,是好公民。

"——积极而忠实地完成本职工作,珍惜工作时间,维护国家财物的职员,是好公民。

凯玛勒说:"我也能成为一个好公民吗?"

爸爸回答道:"是的,只要你能尊重师长,保持健康,努力学习,帮助弱者,善待他人,你就会成为一个好公民了。"

اَلدَّرْسُ الْحَادِي وَالْخَمْسُونَ

عُطْلَةٌ صَيْفِيَّةٌ

وَقَفَتْ وَفَاءُ فِي حِصَّةِ التَّعْبِيرِ وَقَالَتْ:

قَضَيْنَا الْعُطْلَةَ الصَّيْفِيَّةَ الْمَاضِيَةَ فِي مَدِينَةِ شَانْغْهَايْ، وَاسْتَمْتَعْنَا هُنَاكَ بِشَوَارِعِهَا الْوَاسِعَةِ، وَكُورْنِيشِهَا الْجَمِيلِ، وَمَبَانِيهَا الشَّاهِقَةِ وَمَنَاظِرِهَا الْبَدِيعَةِ، وَرَأَيْنَا الْبَوَاخِرَ وَهِيَ تَمُرُّ وَاحِدَةً بَعْدَ أُخْرَى مِنْ نَهْرِ "هُوَانْغْبُو" وَكُنْتُ سَعِيدَةً بِزِيَارَةِ تِلْكَ الْمَدِينَةِ الْجَمِيلَةِ.

وَقَبْلَ أَنْ تَجْلِسَ وَفَاءُ سَأَلَهَا زُمَلَاؤُهَا:

— كَيْفَ ذَهَبْتِ إِلَى شَانْغْهَايْ؟ بِالْقِطَارِ أَوْ بِالطَّائِرَةِ؟ أَ ذَهَبْتِ وَحْدَكِ أَوْ مَعَ بَعْضِ زُمَلَائِكِ؟

— مَعَ أُخْتِي الصَّغِيرَةِ وَبِالْقِطَارِ السَّرِيعِ.

— كَمْ سَاعَةً اسْتَغْرَقَ الْقِطَارُ مِنْ بَلْدَتِكِ إِلَيْهَا؟

— نَحْوَ خَمْسَ عَشْرَةَ سَاعَةً.

— كَمْ يَوْماً قَضَيْتِ هُنَاكَ؟

— شَهْرًا كَامِلاً.

— مَاذَا فَعَلْتِ فِي هَذَا الشَّهْرِ؟

— كُنْتُ اَخْرُجُ نَهَارًا، اَقْضِي بَعْضَ وَقْتِهِ فِي الزِّيَارَاتِ، وَبَعْضَهُ الآخَرَ لِلْعَمَلِ فِي الْمَصْنَعِ، أَمَّا فِي اللَّيْلِ فَكُنْتُ أَبْقَي دَائِمًا فِي الْبَيْتِ، أُذَاكِرُ دُرُوسِي أَوْ أُشَاهِدُ الْبَرَامِجَ عَلَى شَاشَةِ التِّلِيفِزِيُونِ. وَهَكَذَا قَضَيْتُ الْعُطْلَةَ مُبْتَهِجَةً مُسْتَفِيدَةً.

— هَلِ الْمُوَاصَلاتُ فِي شَانغهَاي سَهْلَةٌ ؟

— نَعَم، اِنَّهَا سَهْلَةٌ. يَسْهُلُ عَلَيْنَا أَنْ نَجِدَ سَيَّارَةً عَامَّةً أَوْ تَرُولِلِيبَاص فِي كُلِّ مَكَانٍ.

— أَيْنَ نَزَلْتِ مَعَ اُخْتِكِ فِي تِلْكَ الْمَدِينَةِ ؟

— نَزَلْنَا فِي بَيْتِ عَمِّي.

— مَاذَا يَشْتَغِلُ عَمُّكِ ؟

— هُوَ مُهَنْدِسٌ فِي الْمَصْنَعِ.

— مَاذَا أَعْجَبَكِ فِي شَانغهَاي ؟

— أَنَا مُعْجَبَةٌ بِكُلِّ مَا شَاهَدْتُهُ هُنَاكَ، وَخَاصَّةً بِنُمُوِّ صِنَاعَاتِهَا وَازْدِهَارِ أَسْوَاقِهَا... وَكَذَلِكَ بِقَصْرِ الأَحْدَاثِ وَقَصْرِ الشَّبَابِ.

اَلْمُفْرَدَاتُ:

صَيْفِيٌّ م صَيْفِيَّةٌ	夏天的
اِسْتَمْتَعَ اِسْتِمْتَاعًا بكذا	享受，利用
وَفَاءُ	娥法（女人名）
كُورْنِيشُ	河岸街，滨河路，滨河大道， 海岸街，滨海路，滨海大道
شَاهِقٌ	高的，巍峨的
اِبْتَهَجَ اِبْتِهَاجًا بكذا	欣喜，欢乐
بَدِيعٌ	美妙的
مُسْتَفِيدٌ	受益的
نَهْرُ "هُوَانغبُو"	黄浦江
مُوَاصَلاتٌ	交通
بَاسِلٌ جـ بَوَاسِلُ	勇敢的，英勇的
مُهَنْدِسٌ جـ مُهَنْدِسُونَ	工程师
اِزْدَهَرَ اِزْدِهَارًا الشيءُ	繁荣

مُعْجَبٌ بِهِ	感兴趣，欣赏，赞赏，佩服
بَقِيَ – َ بَقاءً الشيءُ	存留，呆在，留在
قَصْرُ الأَحْدَاثِ	少年宫
الشَّاشَةُ البَيْضَاءُ	银幕，屏幕，荧屏，荧光屏
قَصْرُ الشَّبَابِ	青年宫

اَلْمُنَاقَشَةُ:

١) أَيْنَ قَضَتْ وَفَاءُ الْعُطْلَةَ الصَّيْفِيَّةَ ؟

٢) هَلْ زُرْتَ أَنْتَ مَدِينَةَ شَانْغهَاي أَوْ غَيْرَهَا مِنَ الْمُدُنِ الأُخْرَى ؟

٣) كَيْفَ ذَهَبَتْ وَفَاءُ إِلَى شَانغهَاي ؟ وَمَعَ مَنْ ذَهَبَتْ ؟

٤) كَمْ سَاعَةً يَسْتَغْرِقُ الْقِطَارُ مِنْ بَلْدَتِكَ إِلَى الْمُدُنِ الآتِيَةِ: شَانغهَاي، بَكِين، كَانْتُون ؟

٥) كَمْ يَوْمًا قَضَتْ وَفَاءُ فِي شَانغهَاي ؟

٦) مَاذَا فَعَلَتْ وَفَاءُ خِلاَلَ فَتْرَةِ بَقَائِهَا فِي شَانغهَاي ؟

٧) مَا رَأْيُكَ فِي مُوَاصَلاَتِ بَكِين ؟ أَهِيَ سَهْلَةٌ أَوْ صَعْبَةٌ ؟

٨) أَيْنَ نَزَلَتْ وَفَاءُ مَعَ أُخْتِهَا فِي مَدِينَةِ شَانغهَاي ؟

٩) مَاذَا يَشْتَغِلُ عَمُّ وَفَاء ؟

١٠) مَاذَا أَعْجَبَ وَفَاءَ فِي شَانغهَاي ؟

第五十一课 暑 假

娥法在表达课上站起来说:

“暑假我们是在上海度过的，在那里我们领略了宽阔的街道，美丽的外滩，雄伟的高楼，美妙的景致，我们见到了轮船，一艘接一艘驶过黄浦江。我为能游览这座美丽的城市而感到幸福。”

在她坐下之前，同学们纷纷提问:

“你怎么去上海的？坐火车还是乘飞机？就你自己去的还是和同学们一起去的？”

“和我妹妹坐快车去的。”

“你家到上海火车要几小时？”

“大约 15 小时。”

“你们在那里呆了几天？”

"整整一个月。"

"在这一个月里你做了些什么？"

"我白天出门，有时参观游览，有时去工厂工作。至于晚上，我常常呆在家里，复习功课或者看电视节目。就这样我度过了快乐而有益的假期。"

"上海的交通方便吧？"

"是的，很方便。在每个地方我们都很容易找到公共汽车或无轨电车。"

"在上海你和妹妹住哪儿？"

"住我叔叔家。"

"你叔叔从事什么工作？"

"他是工厂的工程师。"

"上海你喜欢什么？"

"在那里看到的一切我都喜欢，特别是它的工业发展和市场繁荣……还有少年宫和青年宫。"

اَلدَّرْسُ الثَّانِي والْخَمْسُون

نَدْوَةٌ مُفِيدَةٌ

اِتَّفَقَ طُلاَّبُ الصَّفِّ الثَّانِي فِي قِسْمِ اللُّغَةِ الْعَرَبِيَّةِ عَلَى عَقْدِ نَدْوَة، يَتَحَدَّثُونَ فِيهَا أَحَادِيثَ مُخْتَلِفَةً، بِشَرْطِ أَنْ تَكُونَ هَذِهِ الأَحَادِيثُ بِاللُّغَةِ الْعَرَبِيَّةِ، بَعْضُهَا يَتَّصِلُ بِحَيَاةِ الْمَدْرَسَةِ وَالْمُجْتَمَعِ وَبَعْضُهَا يَتَّصِلُ بِمُطَالَعَاتِهِمْ فِي الْكُتُبِ الْعِلْمِيَّةِ وَالأَدَبِيَّةِ.

وَاقْتَرَحَ أَحَدُهُمْ أَنْ يَذْكُرَ كُلٌّ مِنْهُمْ قِصَّةً مُمْتِعَةً أَوْ فُكَاهَةً طَرِيفَةً، وَأَنْ يَمْنَحُوا لِصَاحِبِ أَحْسَنِ قِصَّةٍ جَائِزَةً تَشْجِيعِيَّةً.

وَفِي يَوْمِ النَّدْوَةِ وَقَفَ الْمُدَرِّسُ الْمُشْرِفُ عَلَى النَّدْوَةِ وَقَالَ: "سَنَبْدَأُ الْمُبَارَاةَ، اِنْتَبِهُوا مِنْ فَضْلِكُمْ، وَسَجِّلُوا مُلاَحَظَاتِكُمْ، اِبْدَأْ يَا سَمِيرُ فِي حِكَايَةِ قِصَّتِكَ."

فَقَالَ سَمِيرٌ هَادِئًا:

"فِي يَوْمٍ مِنْ أَيَّامِ الشِّتَاءِ الْقَارِسِ وَجَدَ فَلاَّحٌ طَيِّبٌ ثُعْبَانًا مُنْقَبِضًا مِنْ شِدَّةِ الْبَرْدِ، فَأَشْفَقَ عَلَيْهِ، فَتَنَاوَلَهُ مِنَ الأَرْضِ، وَوَضَعَهُ فِي جَيْبِ قَمِيصِهِ. فَلَمَّا أَحَسَّ الثُّعْبَانُ الدِّفْءَ، دَبَّتْ فِيهِ الْحَيَاةُ، وَتَنَبَّهَتْ غَرَائِزُهُ الْوَحْشِيَّةُ، فَعَضَّ الْفَلاَّحَ الْمِسْكِينَ الَّذِي

أَحْسَنَ إِلَيْهِ، وَنَفَثَ فِيهِ مِنْ سَمِّهِ. فَصَرَخَ الْفَلاَّحُ بِصَوْتٍ مُرْتَفِعٍ، وَأَسْرَعَ إِلَيْهِ جِيرَانُهُ، وَحَمَلُوهُ إِلَى مُسْتَوْصَفٍ قَرِيبٍ، وَأَسْعَفَهُ الطَّبِيبُ."

بَعْدَ أَنْ نَجَا الرَّجُلُ مِنَ الْخَطَرِ قَالَ: "لَقَدْ نِلْتُ جَزَائِي، لأَنَّنِي مَنَحْتُ الثُّعْبَانَ الْمَعْرُوفَ، وَهُوَ لاَ يَسْتَحِقُّ الْمَعْرُوفَةَ وَسَأَذْكُرُ هَذَا الدَّرْسَ دَائِمًا، وَلَنْ أَنْسَاهُ أَبَدًا."

وَبَعْدَ أَنِ انْتَهَى سَمِيرٌ مِنْ حِكَايَتِهِ قَالَ الْمُدَرِّسُ لِعَلاَءٍ: "احْكِ قِصَّتَكَ يَا عَلاَءُ!"

فَحَكَى عَلاَءٌ الْحِكَايَةَ الآتِيَةَ:

"مَرَّ أَحَدُ الْمَدَنِيِّينَ عَلَى فَلاَّحٍ مُسِنٍّ، فَرَآهُ يَزْرَعُ شَجَرَةَ زَيْتُونٍ، فَقَالَ لَهُ: تَعِبْتَ فِي زِرَاعَةِ هَذِهِ الشَّجَرَةِ وَهِيَ لاَ تُثْمِرُ إِلاَّ بَعْدَ سِنِينَ طَوِيلَةٍ، وَأَنْتَ رَجُلٌ عَجُوزٌ، فَلِمَاذَا تُتْعِبُ نَفْسَكَ هَذَا التَّعَبَ ؟

فَأَجَابَ الْفَلاَّحُ: زَرَعَ لَنَا آبَاؤُنَا فَأَكَلْنَا، وَنَحْنُ نَزْرَعُ فَيَأْكُلُ أَبْنَاؤُنَا." بَعْدَ ذَلِكَ قَالَ الْمُدَرِّسُ لِعِصَامٍ: "اُذْكُرْ قِصَّتَكَ!"

فَقَالَ عِصَامٌ وَهُوَ مُبْتَسِمٌ:

"كَانَ غُلاَمٌ أَعْرَابِيٌّ يَقُودُ حَيَوَانًا بِعُنْفٍ وَشِدَّةٍ، لأَنَّهُ بَطِيءُ الْحَرَكَةِ. فَمَرَّ بِهِ رَجُلٌ فَقَالَ لَهُ:

يَا غُلاَمُ، اُرْفُقْ بِهَذَا الْحَيَوَانِ. فَقَالَ الْغُلاَمُ: إِنَّ فِي الرِّفْقِ بِهِ ضَرَرًا لَهُ. فَقَالَ لَهُ

الرَّجُلُ: مَا هَذَا الْكَلَامُ الْغَرِيبُ يَا غُلَامُ ؟ فَقَالَ: إِنَّهُ إِذَا أَبْطَأَ طَالَ طَرِيقُهُ، وَاشْتَدَّ جُوعُهُ، وَإِذَا أَسْرَعَ خَفَّ حِمْلُهُ، وَحَانَ وَقْتُ طَعَامِهِ." فَأُعْجِبَ بِهِ الرَّجُلُ وَانْصَرَفَ.

بَعْدَ أَنِ انْتَهَى الثَّلَاثَةُ مِنْ اَحَادِيثِهِمْ قَالَ الْمُدَرِّسُ: "لِنَشْكُرْ هَؤُلَاءِ الزُّمَلَاءَ وَلْنُصَفِّقْ لَهُمْ."

تِلْكَ قِصَصُهُمْ، فَأَيُّهُمْ يَسْتَحِقُّ الْجَائِزَةَ التَّشْجِيعِيَّةَ ؟

اَلْمُفْرَدَاتُ:

نَدْوَةٌ	座谈会；讨论会
دَبَّتْ ـِ دَبًّا فيه الحياةُ	苏醒过来
اِتَّفَقَ – اِتِّفَاقاً على	一致同意，对……达成协议
نَفَثَهُ – ُ نَفْثاً	吐，吐出；喷出，喷射出
اِقْتَرَحَ اِقْتِرَاحًا رَأْيًا	建议
مَنَحَهُ – َ مَنْحاً الشيءَ	给，给予，赏，赏识
مُشْرِفٌ عَلَى الْعَمَلِ	主持，主管（某工作）
أَعْرَابِيٌّ جـ أَعْرَابٌ	阿拉伯游牧民

حَكَى ـِ حِكَايَةً	传述，传说，讲（故事）
أَبْطَأَ إِبْطَاءً	缓慢
ثُعْبَانٌ جـ ثَعَابِينُ	蛇
أَشْفَقَ إِشْفَاقًا عَلَيْهِ	同情，怜悯
أَعْجَبَهُ إِعْجَابًا الأمرُ	使惊奇，使赞赏

اَلْمُنَاقَشَةُ:

١) كَرِّرْ (كَرِّرِي) قِصَّةَ سَمِير بِتَعَابِيرِكَ. وَمَاذَا تَسْتَفِيدُ مِنْ هَذِهِ الْقِصَّةِ الصَّغِيرَةِ ؟

٢) كَرِّرْ (كَرِّرِي) قِصَّةَ عَلاَءٍ بِتَعَابِيرِكَ. وَمَاذَا تَسْتَفِيدُ مِنْهَا ؟

٣) كَرِّرْ (كَرِّرِي) قِصَّةَ عِصَامٍ بِتَعَابِيرِكَ. وَمَاذَا تَسْتَفِيدُ مِنْهَا ؟

第五十二课　一次有益的讨论会

阿拉伯语系二年级的学生一致同意召开一次讨论会，会上可谈论各种话题，条件是要讲阿拉伯语，或联系学校和社会生活，或联系自己阅读科学、文学书籍的内容。

一位同学建议每人讲一个有趣的故事或是逗趣的笑话，故事最佳者发鼓励奖。

在讨论会那天，主持会的老师站着说："我们开始比赛，请大家注意，记下你们的意见。赛米尔你先讲。"

赛米尔不慌不忙地讲道：

"在严冬的一天，一个农民发现一条蜷缩一团冻僵的蛇，他起了怜悯之心，于是把它拿起来放到了衣袋里。蛇感到一股暖气就活了过来，野性也随之苏醒，便咬了那个对他行善的可怜农民一口，注入毒液。农民大叫一声，邻居们很快到来，把他抬到附近的诊所，医生即行抢救。

"农民脱险后说：'我得到了报应，因为我施恩于蛇，而蛇不配施恩，我将时时记住这个教训，永不忘记。'"

他讲完故事后，老师对阿莱说："阿莱,现在你来讲。"

阿莱就讲了下面这个故事：

"一个城里人从一位上了年纪的农民身边经过，看到他在种一棵橄榄树，就对他说：'种树辛苦了，这树要过好多年才会结果，而你已是一位老人，为什么还要这么劳累自己呢？'

"农民答道：'父辈栽种，我们食用；我们栽种子女吃用。'"

然后，老师对伊萨姆说："现在由你来讲。"

伊萨姆笑着讲道："从前有一个阿拉伯游牧青年因牲口慢吞吞而猛赶它。一个男子经过，对他说：'小伙子，对这只牲口要温和点！'小伙子说：'对它温和就是害它。'那个男子说：'你这小伙子说什么奇怪话？'他说：'如果它走得慢，路就长了，它就得多挨饿，如果走得快，它的负担会减轻，还能赶上进食时间。'男子很佩服他，就走开了。"

三个故事讲完后，老师说："让我们谢谢这几位同学，大家鼓掌。"

这些就是他们讲的故事，谁该得鼓励奖呢？

اَلدَّرْسُ الثَّالِثُ والْخَمْسُونَ

مُقَابَلَةٌ بَيْنَ مَسْؤُولٍ فِي جَامِعَةِ بَكِين وَطُلَّابٍ عَرَبٍ

— اَهْلاً وَسَهْلاً، مَرْحَبًا بِكُمْ !

— نَحْنُ سُعَدَاءُ بِلِقَاءِ حَضْرَتِكُمْ .

— اَلْجَامِعَةُ تُرَحِّبُ بِكُمْ .

— شُكْرًا جَزِيلاً !

— اَلزُّمَلاَءُ هُمْ مِنَ السُّودَانِ وَالْيَمَنِ وَفِلَسْطِين ؟

— نَعَمْ، أَنَا مِنْ فِلَسْطِين، وَأُقِيمُ الآنَ فِي سُورِيَا، وَالزَّمِيلُ أَحْمَدُ مِنَ الْيَمَنِ، وَالزَّمِيلُ زِيَادُ مِنَ السُّودَانِ .

— اَهْلاً وَسَهْلاً ! اَلْجَامِعَةُ هِيَ أُسْرَةٌ جَدِيدَةٌ لَكُمْ، فِي هَذِهِ الأُسْرَةِ تَعِيشُونَ أَنْتُمْ وَاِخْوَانُكُمُ الصِّينِيُّونَ مَعًا، وَتَدْرُسُونَ مَعًا.

— بِكُلِّ سُرُورٍ .

— وَصَلْتُمْ مُنْذُ أسْبُوعٍ، كَيْفَ الْحَيَاةُ فِي الْجَامِعَةِ ؟ كَيْفَ تَجِدُونَ الطَّعَامَ وَالْمَسْكَنَ ؟

— كُلُّ شَيْءٍ جَيِّدٌ، اَلطَّعَامُ جَيِّدٌ، اَلْغُرَفُ جَمِيلَةٌ وَنَظِيفَةٌ.

— اَلآنَ كُلُّ وَاحِدٍ يَسْكُنُ فِي غُرْفَةٍ وَاحِدَةٍ أَلَيْسَ كَذَلِكَ ؟

— نَعَمْ.

— سَوْفَ يَسْكُنُ مَعَكُمْ طُلاَّبٌ صِينِيُّونَ، مَا رَأْيُكُمْ ؟

— أَوْه حَسَنٌ جِدًّا ! سَنَتَعَلَّمُ مِنْهُمُ اللُّغَةَ الصِّينِيَّةَ.

— وَهُمْ يَتَعَلَّمُونَ مِنْكُمُ اللُّغَةَ الْعَرَبِيَّةَ أَيْضًا. هُمْ طُلاَّبُ اللُّغَةِ الْعَرَبِيَّةِ.

— مَرْحَبًا !

— سَنَفْتَحُ لَكُمْ صَفًّا، تَتَعَلَّمُونَ فِيهِ اللُّغَةَ الصِّينِيَّةَ، ثُمَّ تَدْخُلُونَ الْكُلِّيَّاتِ بَعْدَ سَنَةٍ.

— نَشْكُرُكُمْ كَثِيرًا !

— لاَ ... لاَ شُكْرَ عَلَى الْوَاجِبِ... أَنْتُمْ جِئْتُمْ مِنَ الدُّوَلِ الْعَرَبِيَّةِ الصَّدِيقَةِ، وَأَنَا بِاسْمِ جَمِيعِ الأَسَاتِذَةِ وَالطُّلاَّبِ فِي الْجَامِعَةِ أُرَحِّبُ بِكُمْ تَرْحِيبًا حَارًّا وَأَتَمَنَّى لَكُمْ نَجَاحًا كَبِيرًا فِي الدِّرَاسَةِ.

237 اَلدَّرْسُ الثَّالِثُ والْخَمْسُونَ   مُقَابَلَةٌ بَيْنَ مَسْؤُولٍ فِي جَامِعَةِ بَكِين وَطُلاَّبٍ عَرَبٍ

اَلْمُفْرَدَاتُ:

طُلاَّبٌ وَافِدُونَ	留学生（指外国来的学生）
طُلاَّبٌ مَبْعُوثُونَ	留学生（指本国到外国学习的学生）
حَضْرَةٌ	阁下
مَسْؤُولٌ جـ مَسْؤُولُونَ	负责人
السُّودَانُ	苏丹
سَعِيدٌ جـ سُعَدَاءُ	幸福的
رَأْيٌ جـ آرَاءٌ	意见，看法
سُعَدَاءُ بِـ ...	荣幸的
شَكَرَ ـُـ شُكْرًا فلانًا	感谢
شُكْرًا جَزِيلاً	多谢
بِاسْمِ...	以……名义
وَجَدَ ـِـ وُجُودًا الشيءَ	发现，觉得
تَمَنَّى تَمَنِّيًا الشيءَ	希望，祝愿

لاَ شُكْرَ عَلىَ الْوَاجِبِ	应该做的，不必谢
وَاجِبٌ جـ وَاجِبَاتٌ	义务，本分，职责
أَوْه	哎呀 (感叹词)

اَلْمُنَاقَشَةُ:

١) مِنْ أَيِّ بِلاَدٍ جَاءَ الطُّلاَّبُ الْعَرَبُ إِلىَ الصِّين ؟

٢) إِذَا أُتِيحَتْ لَكَ فُرْصَةً لاِخْتِيَارِ دَوْلَةٍ عَرَبِيَّةٍ لِتَعِيشَ وَتَدْرُسَ فِيهَا، فَمَا هُوَ اخْتِيَارُكَ ؟ وَلِمَاذَا ؟

٣) اِذَا عِشْتَ فِي غَيْرِ وَطَنِكَ، فَكَيْفَ تُنَظِّمُ حَيَاتَكَ وَدِرَاسَتَكَ ؟

٤) هَلْ تُرِيدُ أَنْ تُسَافِرَ إِلىَ الدُّوَلِ الْعَرَبِيَّةِ أَوِ الدُّوَلِ الأُخْرَى ؟ وَلِمَاذَا ؟

٥) هَلْ تُرِيدُ أَنْ تَسْكُنَ مَعَ الطُّلاَّبِ الْعَرَبِ ؟ وَلِمَاذَا ؟

٦) هَلْ لَكَ أَصْدِقَاءُ عَرَبٌ ؟ كَيْفَ يُسَاعِدُ بَعْضُكُمْ بَعْضًا فِي الدِّرَاسَةِ ؟

第五十三课
北京大学领导会见阿拉伯留学生

— 你们好!欢迎你们!
— 很高兴见到阁下!
— 学校欢迎你们!
— 谢谢!
— 同学们是来自苏丹、也门和巴勒斯坦吗?
— 是的,我是巴勒斯坦人,居住在叙利亚,艾哈迈德同学是也门人,齐亚德同学是苏丹人。
— 你们好!学校就是你们的新家,你们和你们的中国兄弟就在这个家庭里一起生活,一起学习。
— 非常高兴!
— 你们来了一周了,学校的生活怎么样?食宿觉得如何?
— 都很好,饭菜很好,房间漂亮干净。
— 现在是一人住一间吧?
— 是的。
— 不久会有中国学生和你们住一起,你们有什么意见吗?
— 噢!好!我们将向他们学习汉语。

— 他们也可以向你们学习阿拉伯语,他们是学阿语的学生。
— 欢迎!
— 我们会为你们开个学习汉语的班,一年以后再进各系。
— 非常感谢!
— 不用谢!你们来自友好的阿拉伯国家,我代表学校全体师生向你们表示热烈欢迎,并祝你们在学习上取得好成绩。

اَلدَّرْسُ الرَّابِعُ والْخَمْسُون

طَهَ الْقُرَشِيّ مَرِيضٌ

طَهَ القُرَشِيّ تِلْمِيذٌ مُجْتَهِدٌ يُحِبُّهُ إِخْوَانُهُ وَالْمُدَرِّسُونَ. وَفِي صَبَاحِ يَوْمٍ شَعَرَ بِالْمَرَضِ. وَكَانَ عِنْدَهُ إِسْهَالٌ شَدِيدٌ، وَأَلَمٌ فِي بَطَنِهِ فَشَكَا لِوَالِدِهِ، فَقَالَ الْوَالِدُ: لاَ تَذْهَبْ إِلَى الْمَدْرَسَةِ الْيَوْمَ، انْتَظِرْ حَتَّى يَرَاكَ الطَّبِيبُ. اُكْتُبْ لِمُدِيرِ مَدْرَسَتِكَ، وَأَخْبِرْهُ بِحَالِكَ فَأَرْسَلَ طَه القُرَشِيّ الرِّسَالَةَ الْقَصِيرَةَ الآتِيَةَ بِالْهَاتِفِ الْمَحْمُولِ:

سَيِّدِي مُدِيرُ مَدْرَسَةِ بَخْتِ الرِّضَا الاِبْتِدَائِيَّةِ الْمُحْتَرَمُ

اَلسَّلاَمُ عَلَيْكُمْ وَرَحْمَةُ اللهِ

أَشْعُرُ بِأَلَمٍ فِي بَطَنِي، وَعِنْدِي اِسْهَالٌ شَدِيدٌ. وَأَنَا الآنَ فِي الْفِرَاشِ وَسَأَذْهَبُ إِلَى الطَّبِيبِ مَعَ وَالِدِي. وَسَيُخْبِرُكُمُ الطَّبِيبُ بَعْدَ الْكَشْفِ.

أَرْجُو قُبُولَ عُذْرِي. وَتَقَبَّلُوا اِحْتِرَامِي الزَّائِدَ.

تِلْمِيذُكُمُ الْمُخْلِصُ

طَهَ القُرَشِيّ

ذَهَبَ طَهَ الْقُرَشِي مَعَ وَالِدِهِ إِلَى الْمُسْتَشْفَى. فَسَأَلَ الطَّبِيبُ طَهَ القُرَشِيّ عَنْ مَرَضِهِ. فَقَالَ: عِنْدِي إِسْهَالٌ، وأَشْعُرُ بِأَلَمٍ عِنْدَ البِرَازِ.

أَخَذَ الطَّبِيبُ عَيِّنَةً مِنَ الْبِرَازِ لِفَحْصِهِ فِي الْمَعْمَلِ ثُمَّ قَالَ لِطَهَ بَعْدَ مَعْرِفَةِ النَّتِيجَةِ: عِنْدَكَ دُوسِنْتَارِيَا. طَلَبَ وَالِدُ طَهَ مِنَ الطَّبِيبِ أَنْ يُعْطِيَهُ الدَّوَاءَ. فَأَبَى الطَّبِيبُ وَقَالَ: إِنَّ الدُّوسِنْتَارِيَا مَرَضٌ مُعْدٍ، وَتَحْتَاجُ لِلْمُلاَحَظَةِ وَلاَ بُدَّ أَنْ يَبْقَى طَهَ فِي الْمُسْتَشْفَى لِلْعِلاَجِ.

قَبِلَ وَالِدُ طه أَمْرَ الطَّبِيبِ، وَتَرَكَ ابْنَهُ فِي الْمُسْتَشْفَى. ثُمَّ أَرْسَلَ الطَّبِيبُ طَهَ إِلَى حُجْرَةِ الْمَرْضَى. وَكَتَبَ لِلْمَدْرَسَةِ يُخْبِرُهَا بِحَالِهِ.

خِطَابُ الطَّبِيبِ

صَبَاحُ يَوْمِ ١ إِبْرِيل سَنَةَ ٢٠٠٤

حَضْرَةُ مُدِيرِ مَدْرَسَةِ بخت الرضَا الابْتِدَائِيَّةِ:

اَلتِّلْمِيذُ طَهَ الْقُرَشِي حَضَرَ الْيَوْمَ لِلْعِيَادَةِ، وَبِالْكَشْفِ عَلَيْهِ تَبَيَّنَ لَنَا أَنَّهُ مَرِيضٌ بِالدُّوسِنْتَارِيَا. وَيَحْتَاجُ إِلَى عِلاَجٍ بِالْمُسْتَشْفَى مُدَّةً بَيْنَ ثَمَانِيَةِ وَعَشَرَةِ أَيَّامٍ.

وَقَدْ حَجَزْنَاهُ مِنْ هَذَا الْيَوْمِ. وَهَذَا لِلْعِلْمِ بِحَالِهِ.

حَكِيمْبَاشِي الدويم

مَكَثَ طَهَ فِي الْمُسْتَشْفَى سَبْعَةَ أَيَّامٍ. وَفِي الْيَوْمِ الثَّامِنِ أَرْسَلَ لَهُ إِخْوَانُهُ خِطَابًا يَسْأَلُونَ عَنْ صِحَّتِهِ، وَيَرْجُونَ لَهُ الشِّفَاءَ. فَأَرْسَلَ طَهَ لَهُمُ الرِّسَالَةَ الْقَصِيرَةَ الآتِيَةَ:

إِخْوَانِي الأَعِزَّاءُ

تَحِيَّاتِي إِلَيْكُمْ، وَشُكْرِي الْجَزِيلُ عَلَى خِطَابِكُمْ

أَنَا هُنَا فِي الْمُسْتَشْفَى مُنْذُ سَبْعَةِ أَيَّامٍ. أَنَامُ عَلَى سَرِيرٍ مِنَ الْحَدِيدِ، وَعَلَيْهِ فِرَاشٌ فَوْقَهُ غِطَاءٌ أَبْيَضُ. وَلِكُلِّ مَرِيضٍ سَرِيرٌ مِثْلُ سَرِيرِي. وَفِي الْحُجْرَةِ مُمَرِّضٌ يُنَظِّفُهَا وَيَخْدُمُ الْمَرْضَى. يَزُورُنِي الطَّبِيبُ كُلَّ يَوْمٍ وَيَفْحَصُ جِسْمِي، وَيَكْتُبُ فِي مِلَفِّ مَرْضَى مُعَلَّقٍ عَلَى الْحَائِطِ. وَيُعْطِينِي كُلَّ يَوْمٍ الدَّوَاءَ اللاَّزِمَ، وَيَمْنَعُنِي مِنْ أَكْلِ الْخُضَرِ وَاللُّحُومِ.

صِحَّتِي تَتَقَدَّمُ. وَسَأَتْرُكُ الْمُسْتَشْفَى بَعْدَ يَوْمَيْنِ. وَأَرَاكُمْ بِخَيْرٍ.

خَرَجَ طَهَ الْقُرَشِيّ مِنَ الْمُسْتَشْفَى. وَنَصَحَهُ الطَّبِيبُ بِعَدَمِ الذَّهَابِ إِلَى الْمَدْرَسَةِ مُدَّةَ يَوْمَيْنِ، لأَنَّهُ كَانَ ضَعِيفًا.

وَلَمَّا ذَهَبَ طَهَ لِلْمَدْرَسَةِ قَابَلَهُ أَصْدِقَاؤُهُ مَسْرُورِينَ. وَبَعْدَ يَوْمَيْنِ كَتَبَ طَهَ الْقُرَشِيّ الرِّسَالَةَ الْقَصِيرَةَ الآتِيَةَ:

حَضْرَةُ الطَّبِيبِ الْمُحْتَرَمُ فِي مُسْتَشْفَى الدويم

اَلسَّلَامُ عَلَيْكُمْ وَرَحْمَةُ اللهِ. أَشْكُرُكُمْ كَثِيرًا عَلَى عِلَاجِي وَمُسَاعَدَتِي مُدَّةَ مَرَضِي. وَأَنَا الآنَ بِصِحَّةٍ جَيِّدَةٍ.

وَتَقَبَّلُوا اِحْتِرَامِي الزَّائِدَ.

اَلْمُخْلِصُ

طَهَ الْقُرَشِيّ

اَلْمُفْرَدَاتُ:

طَه القُرَشِيّ	塔哈·古莱什
دُوسِنْتَارِيَا / دُوسِنْطَارِيَا	痢疾
شَعَرَ – شُعُوراً به	感觉，觉得
مُعْدٍ (المُعْدِي)	传染性的，传染病的
مَرِضَ – مَرَضاً	生病
اِنْتَظَرَهُ اِنْتِظَارًا	等待，等候
عِيَادَةٌ	门诊部

خِطَابٌ جـ خِطَابَاتٌ	信
رِسَالَةٌ جـ رَسَائِلُ	信，书信
الرِّسَالَةُ الْقَصِيرَةُ	短信
اَلْهَاتِفُ الْمَحْمُولُ	手机
تَبَيَّنَ – تَبَيُّنًا	确定了，事情清楚了
مُحْتَرَمٌ	可敬的，敬爱的，尊敬的
مُعَلَّقٌ	挂着的
فِرَاشٌ	床铺；床垫
حَائِطٌ جـ حِيطَانٌ	墙
قَبِلَ – قَبُولاً	接受
عَيِّنَةٌ جـ عَيِّنَاتٌ	样品，货样；标本
عُذْرٌ جـ أَعْذَارٌ	托辞，借口
مِلَفٌّ	卷宗，档案；病历
تَقَبَّلَهُ – تَقَبُّلاً	接受，领受

اَلْمُنَاقَشَةُ:

١) بِمَ شَعَرَ طَهَ الْقُرَشِي فِي صَبَاحِ ذَلِكَ الْيَوْمِ ؟

٢) مَاذَا نَصَحَ الْوَالِدُ لَهُ ؟

٣) إِلَى مَنْ أَرْسَلَ طَهَ الْقُرَشِي الرِّسَالَةَ الْقَصِيرَةَ ؟

٤) أَيْنَ ذَهَبَ طَهَ الْقُرَشِي مَعَ وَالِدِهِ ؟

٥) بِمَ أُصِيبَ طَهَ الْقُرَشِي ؟

٦) مَاذَا اقْتَرَحَ الطَّبِيبُ لِطَهَ الْقُرَشِي ؟

第五十四课　塔哈·古莱什病了

塔哈·古莱什是一个勤奋的学生，同学和老师都喜欢他。一天早晨他病了，腹泻严重，肚子疼痛，他告诉了爸爸。爸爸说：“今天你不要去学校了，等着看医生，你给校长写封信，把情况告诉他。”塔哈·古莱什就用手机发了下面这封短信：

اَلدَّرْسُ الرَّابِعُ وَالْخَمْسُونَ   طَهَ الْقُرَشِيُّ مَرِيضٌ

尊敬的巴赫特·利达小学校长先生

您好，愿安拉慈爱您！

我肚子痛，腹泻严重。现在躺在床上，父亲要带我去看医生。检查之后医生会把情况通知您的。

望您准假。请接受我深深的敬意！

您忠诚的学生　塔哈·古莱什

塔哈·古莱什和父亲去了医院，医生问他病情，他说："腹泻，大便时觉得疼。"医生取了他的大便标本送去化验。结果出来后，医生对他说："你得痢疾了。"塔哈的爸爸请医生给他开药。医生不给开，他说："痢疾是一种传染病，需要观察，塔哈必须住院治疗。"

塔哈的爸爸接受医生的意见，让儿子留在医院。医生派人带塔哈去了病房，并写信给学校告知塔哈的情况。

医生的信

2002 年 3 月 1 日

巴赫特·利达小学校长阁下：

学生塔哈·古莱什今天来就诊，经检查确诊他得了痢疾。需住院治疗八到十天。自今日起我们把他留在医院。

特此告知。

戴维姆医院主任医师

塔哈在医院住了七天。第八天同学给他来信问他身体情况，祝他康复。塔哈给他们发了短信，内容如下：

亲爱的同学们：

向你们致意，非常感谢你们的来信。

七天前我住进医院，睡在一张铁床上，床上有一个床垫，上面铺着一条白床单。每个病人都睡这样的床。房间有一位护士负责打扫卫生和服侍病人。医生每天来查房，给我检查身体，填写挂在墙上的病历，每天给药，禁吃蔬菜和肉类。

我身体见好，两天后出院。祝你们好！

塔哈·古莱什出院了，医生建议他休息两天再上学，因为他的身体还很虚弱。

塔哈去了学校，朋友们见到他都很高兴。

两天后塔哈·古莱什用手机发了下面这封短信：

اَلدَّرْسُ الرَّابِعُ وَالْخَمْسُونَ　طَهَ الْقُرَشِيّ مَرِيضٌ

尊敬的戴维姆医院医生阁下：

您好，愿安拉慈爱您！

　　非常感谢您在我生病期间对我的治疗和照顾，我现在很健康。

　　请接受我深深的敬意！

您忠诚的　塔哈·古莱什

اَلدَّرْسُ الْخَامِسُ والْخَمْسُون

يَوْمُ الأَحَدِ

هُمَامٌ: أَيْنَ كُنْتَ يَا سَعِيدُ يَوْمَ الأَحَدِ الْمَاضِي ؟

سَعِيدٌ: فِي الْجَامِعَةِ.

هُمَامٌ: مَاذَا عَمِلْتَ ؟

سَعِيدٌ: فِي الصَّبَاحِ كَتَبْتُ رِسَالَةً إِلَى أُمِّي، ثُمَّ ذَهَبْتُ إِلَى صَالُونِ الْحِلاَقَةِ لِقَصِّ شَعْرِي. أَمَّا بَعْدَ الظُّهْرِ فَغَسَلْتُ مَلاَبِسِي ثُمَّ خَرَجْتُ إِلَى سُوقِ "هَايْدِيَان"، واشْتَرَيْتُ بَعْضَ الْحَاجَاتِ: كُرَّاسَةً وَبَعْضَ الأَوْرَاقِ وَزُجَاجَةً مِنَ الْحِبْرِ وَقِطْعَةً مِنَ الصَّابُونِ وَفُوطَةً بَيْضَاءَ وأُنْبُوبَةً مِنْ مَعْجُونِ الأَسْنَانِ. ثُمَّ اشْتَرَيْتُ مِنَ مَكْتَبِ الْبَرِيدِ وَالتِّلِغْرَافِ بَعْضَ الطَّوَابِعِ التَّذْكَارِيَّةِ، وَأَرْسَلْتُ كِتَابَيْنِ إِلَى عَمِّي الَّذِي يَشْتَغِلُ فِي شَانْدُونغ، وَفِي الْمَسَاءِ شَاهَدْتُ التِّلِفِزْيُونَ. كَانَ الْبَرْنَامَجُ رَائِعاً، يُقَدِّمُ الأَخْبَارَ الْمَحَلِّيَّةَ وَالْعَالَمِيَّةَ أَوَّلاً وَثُمَّ فِيلْمَ "فِي الْمِينَاءِ". سَمِعْتُ أَنَّكَ رَجَعْتَ أَمْس إِلَى بَيْتِك.

هُمَامٌ: نَعَمْ، وَلَكِنْ ذَهَبْتُ مَعَ أَخِي الصَّغِيرِ إِلَى سَاحَةِ تِيانْ آنْ مُونْ.

سَعِيدٌ: هَلْ زُرْتُمَا النُّصبَ التَّذْكَارِيَّ لأَبْطَالِ الشَّعْبِ ؟

هُمَامٌ: نَعَمْ، زُرْنَاهُ. كَانَ الزِّحَامُ شَدِيداً لأَنَّ الزُّوَّارَ كَثِيرُونَ.

سَعِيدٌ: هَلْ تَذْكُرُ كَلِمَاتِ الرَّئِيسِ مَاوْ عَلَى النُّصْبِ التَّذْكَارِيِّ الضَّخْمِ ؟

هُمَامٌ: طَبْعًا لأَنَّنِي زُرْتُهُ مَرَّاتٍ. أَلَيْسَتْ هِيَ "عَاشَ أَبْطَالُ الشَّعْبِ خَالِدِينَ ؟"

سَعِيدٌ: مَضْبُوطٌ، وَعَلَى قَاعِدَةِ النُّصْبِ رُسُومٌ مُخْتَلِفَةٌ تُمَثِّلُ مُخْتَلِفَ الْمَرَاحِلِ مِنَ الثَّوْرَةِ الصِّينِيَّةِ خِلاَلَ الْمِائَةِ سَنَةِ الأَخِيرَةِ، مَاذَا عَمِلْتُمَا بَعْدَ مُشَاهَدَةِ الرُّسُومِ ؟

هُمَامٌ: أَخَذْنَا صُورَتَيْنِ إِحْدَاهُمَا أَمَامَ النُّصْبِ التَّذْكَارِيِّ، وَالأُخْرَى أَمَامَ قَاعَةِ الشَّعْبِ الْكُبْرَى. لأَنَّ أَخِي الْكَبِيرَ يَطْلُبُ مِنَّا صُورَةً. وَبَعْدَ التَّصْوِيرِ زُرْنَا مَتْحَفَ الثَّوْرَةِ بِالْقُرْبِ مِنْ قَاعَةِ الشَّعْبِ الْكُبْرَى وَذَاكَرْنَا فِيهِ تَارِيخَ الثَّوْرَةِ الصِّينِيَّةِ مِنْ حَرْبِ الأَفْيُونِ إِلَى تَأْسِيسِ جُمْهُورِيَّةِ الصِّينِ الشَّعْبِيَّةِ.

سَعِيدٌ: آه، قَضَيْتُمَا يَوْماً جَمِيلاً !

هُمَامٌ: كُنَّا مَسْرُورَيْنِ جِدًّا بِهَذِهِ الزِّيَارَةِ، بَلْ تَلَقَّيْنَا دَرْسًا مُفِيداً.

اَلْمُفْرَدَاتُ:

صالُونُ الحِلاَقَةِ	理发馆
زَائِرٌ جـ زُوَّارٌ	参观的人，访问者
شَعْرٌ وشَعَرٌ جـ شُعُرٌ (المفرد شَعْرَةٌ)	头发
تَذْكَارِيٌّ م تَذْكَارِيَّةٌ	纪念的，纪念性的
قَصَّ – ُ قَصًّا الشيءَ	剪、理（发）
الطَوابِعُ التَّذْكَارِيَّةُ	纪念邮票
سُوقٌ جـ أَسْوَاقٌ	市场，商场
أَرْسَلَ إِرْسَالاً الرِّسَالَةَ	寄，邮寄
هَايْدِيَانْ	海淀
وَرَقٌ جـ أَوْرَاقٌ (المفرد وَرَقَةٌ)	纸张
مَكْتَبُ البَرِيدِ والتِّلِغْرَافِ	邮电局
زُجَاجَةٌ جـ زُجَاجَاتٌ	瓶子，玻璃瓶
طَابِعٌ جـ طَوَابِعُ	邮票
قِطْعَةٌ جـ قِطَعٌ	一块，一截，一段

白的，白色的	أَبْيَضُ م بَيْضَاءُ
肥皂	الصَّابُونُ
管，筒	أُنْبُوبَةٌ جـ أَنَابِيبُ
画，绘画	رَسْمٌ جـ رُسُومٌ
牙膏	مَعْجُونُ الأَسْنَانِ
代表；扮演；体现	مَثَّلَ تَمْثِيلاً الشَّيْءَ
电视	التِلْفِزْيُونُ
精彩的，美妙的，精湛的	رَائِعٌ
阶段	مَرْحَلَةٌ جـ مَرَاحِلُ
当地的，地方的；国内的	مَحَلِّيَّةٌ
照相	صَوَّرَ تَصْوِيرًا
港，港口，码头	مِينَاءٌ جـ مَوَانٍ ومَوَانِئُ
博物馆	مَتْحَفٌ جـ مَتَاحِفُ
在……附近，在……旁边	بِالْقُرْبِ مِنْ كَذَا
广场	سَاحَةٌ جـ سَاحَاتٌ

سَاحَةُ تِيَانْ آن مُونْ	天安门广场
حَرْبٌ جـ حُرُوبٌ	战争
حَرْبُ الأَفْيُونِ	鸦片战争
النُّصْبُ التذْكَارِيُّ	纪念碑
أَسَّسَ تَأْسِيسًا الْمَصْنَعَ	建立，创建，创立
الزِّحَامُ	拥挤
جُمْهُورِيَّة جـ جُمْهُورِيَّاتٌ	共和，共和国

اَلْمُنَاقَشَةُ:

١) أَيْنَ كَانَ سَعِيدٌ يَوْمَ الأَحَدِ ؟

٢) مَاذَا عَمِلَ سَعِيدٌ فِي صَبَاحِ ذَلِكَ الْيَوْمِ ؟ وَبَعْدَ الظُّهْرِ؟ وَفِي الْمَسَاءِ ؟

٣) مِنْ أَيْنَ اشْتَرَى سَعِيدٌ بَعْضَ الطَّوَابِعِ التَّذْكَارِيَّةِ ؟

٤) مَاذَا اَرْسَلَ سَعِيدٌ إِلَى عَمِّهِ الَّذِي يَشْتَغِلُ فِي مُقَاطَعَةِ شَانْدُونغ ؟

٥) مَا هِيَ الْحَاجَاتُ الَّتِي اشْتَرَاهَا سَعِيدٌ مِنَ السُّوقِ ؟

٦) مَا اِسْمُ الْفِيلْمِ الَّذِي شَاهَدَهُ سَعِيدٌ ؟

٧) أَيْنَ وَمَعَ مَنْ ذَهَبَ هُمَامٌ يَوْمَ الأَحَدِ ؟

٨) مَاذَا يُكْتَبُ على النُّصْبِ التَّذْكَارِيِّ لأَبْطَالِ الشَّعْبِ ؟

٩) مَاذَا تُمَثِّلُ الرُّسُومُ الْمُخْتَلِفَةُ الْمَنْحُوتَةُ عَلىَ قَاعِدَةِ النُّصْبِ ؟

١٠) أَيَّ مَكَانٍ زَارَهُ هُمَامٌ أَيْضًا فِي سَاحَةِ تِيَانْ آنْ مُونْ ؟

第五十五课　星 期 天

胡马木：赛义德，上星期天你在哪儿？

赛义德：在学校。

胡马木：干什么了？

赛义德：上午给妈妈写信，然后去理发店理发。下午洗衣服，去海淀市场，买了一些日用品:三个练习本，一些纸，一瓶墨水，一块肥皂，一条白毛巾，一支牙膏。然后又在邮电局买了几张纪念邮票，给在山东工作的叔叔邮了两本书。晚上看电视，节目很精彩，先是播报国内外新闻，后放电影《海港》。听说你昨天回家了。

胡马木：是的，但是我和弟弟去天安门广场了。

赛义德：有没有参观人民英雄纪念碑？

胡马木：参观了。当时很拥挤，游客很多。

赛义德：你可记得毛主席在那高大的纪念碑上题了什么辞吗？

胡马木：当然！我已经去过多次了。不就是"人民英雄永垂不朽"吗？

赛义德：对对！纪念碑底座刻有代表近百年中国革命不同时期的浮雕画卷，看完浮雕后你们又做什么了？

胡马木：照了两张相，一张在英雄纪念碑前，一张在人民大会堂前，因为哥哥要我们的照片。照完相参观人民大会堂附近的革命博物馆，在那里我们温习了自鸦片战争到中华人民共和国建立的中国革命史。

赛义德：啊，你们度过了美好的一天！

胡马木：我们不仅参观得很愉快，而且还上了一堂有益的课。

اَلدَّرْسُ السَّادِسُ والْخَمْسُون

اَلسَّمَكُ الْمَحْفُوظُ

إِنَّ حِفْظَ سَمَكِ السَّرْدِينِ فِي الْعُلَبِ قَدْ عَرَفَهُ الْفَرَنْسِيُّونَ لأَوَّلِ مَرَّةٍ، عَامَ ١٨٣٤، وَتَبِعَهُمُ الأَمْرِيكِيُّونَ بَعْدَ ذَلِكَ بِنَحْوِ أَرْبَعِينَ سَنَةً، ثُمَّ اسْتَطَاعَ الْيَابَانِيُّونَ فِي بِدَايَةِ الْقَرْنِ الْعِشْرِينَ أَنْ يَحْفَظُوا فِي الْعُلَبِ أَنْوَاعًا نَادِرَةً مِنَ السَّمَكِ.

وَلَمْ يُقْبِلِ النَّاسُ، فِي أَوَّلِ الأَمْرِ، عَلَى الطَّعَامِ الْمَحْفُوظِ، حَتَى قَامَتِ الْحَرْبُ الْعُظْمَى، وَلَمْ يَعُدِ الْحُصُولُ عَلَى الأَطْعِمَةِ الطَّازِجَةِ مَيْسُورًا فَزَادَ إِقْبَالُ النَّاسِ عَلَى عُلَبِ الطَّعَامِ الْمَحْفُوظِ، وَوَجَدَتِ الْجُيُوشُ فِيهِ مُؤْنَةً صَالِحَةً فِي مَيَادِينِ الْقِتَالِ النَّائِيَةِ.

إِنَّ الطَّرِيقَةَ الَّتِي تُتَّبَعُ فِي حِفْظِ السَّمَكِ، تَبْدَأُ بِوَضْعِهِ – عَقِبَ صَيْدِهِ – فِي أَحْوَاضٍ كَبِيرَةٍ، لِغَسْلِهِ، ثُمَّ فَرْزُ كُلِّ حَجْمٍ مِنْهُ عَلَى حِدَّةٍ، ثُمَّ قَطْعُ الرُّؤُوسِ وَالذُّيُولِ وَإِخْرَاجُ الأَحْشَاءِ، وَوَضْعُهَا بَعْدَ ذَلِكَ فِي مَحْلُولٍ مِلْحِيٍّ مُرَكَّزٍ، مُدَّةَ سَاعَةٍ، لِتَكْتَسِبَ أَنْسِجَتُهَا صَلاَبَةً وَقُوةً، وَبَعْدَ ذَلِكَ يُعْرَضُ السَّمَكُ لِحَرَارَةِ الْبُخَارِ السَّاخِنِ فَتْرَةً وَجِيزَةً، لإِنْضَاجِهِ، ثُمَّ يَمُرُّ عَلَيْهِ هَوَاءٌ سَاخِنٌ، لِطَرْدِ مَا فِيهِ مِنَ الرُّطُوبَةِ، وَأَخِيرًا يُرَصُّ

السَّمَكُ ذُو الْحَجْمِ الْوَاحِدِ فِي عُلَبٍ، وَيُضَافُ عَلَيْهِ الزَّيْتُ السَّاخِنُ، أَوْ عَصِيرُ الطَّمَاطِمِ، لِتَحْسِينِ طَعْمِهِ، ثُمَّ تُقْفَلُ الْعُلَبُ وَتُعَقَّمُ بِالْحَرَارَةِ.

وَلِلْمُحَافَظَةِ عَلَى نَظَافَةِ الْعُلَبِ، تُغْسَلُ مِنَ الْخَارِجِ بِمَحْلُولٍ خَاصٍّ يُزِيلُ مَا عَلَّقَ بِهَا مِنَ الدُّهْنِ، ثُمَّ يُعَادُ غَسْلُهَا بِالْمَاءِ، وَتُتْرَكُ لِتَجِفَّ.

وَأَشْهَرُ الْبِلاَدِ الَّتِي تَنْهَضُ بِصِنَاعَةِ السَّمَكِ الْمَحْفُوظِ، هِيَ: فَرَنْسَا وَالْبُرْتُغَالُ وَإِسْبَانِيَا وَالسُّوَيْدُ وَالنَّرْوِيج وَالْوِلاَيَاتُ الْمُتَّحِدَةُ وَالْيَابَان.

اَلْمُفْرَدَاتُ:

عُلْبَةٌ جـ عُلَبٌ	盒，匣，罐子，罐头，听（听子）
ذَيْلٌ جـ ذُيُولٌ	尾，尾巴
مَحْفُوظٌ	被保存的；装罐头的
حَشًا جـ أَحْشَاءٌ	内脏
لاَ يَعُودُ، لم يَعُدْ	不再
اِكْتَسَبَهُ – اِكْتِسَابًا	获得
مَيْسُورٌ	容易的，方便的，容易得到的

عَقَّمَه تَعْقِيمًا	杀菌，消毒
مُؤْنَةٌ /مَؤُونَةٌ جـ مُؤَنٌ	给养
أَزَالَهُ – إِزَالَةً	去掉，去除
نَاءٍ م نَائِيَةٌ	遥远的
البُرْتُغَالُ	葡萄牙
إِسْبَانِيَا	西班牙
صَادَ – صَيْداً	捕，猎
فَرَزَه – فَرْزاً	区别，分拣
السُّوَيْدُ	瑞典
حَجْمٌ جـ أَحْجَامٌ	体积；容积
النَّرْوِيجُ	挪威

اَلْمُنَاقَشَةُ:

١) مَتَى عَرَفَ الْفَرَنْسِيُّونَ لأَوَّلِ مَرَّةٍ حِفْظَ سَمَكِ السَّرْدِينِ فِي الْعُلَبِ ؟

٢) مَنْ تَبِعَ الْفَرَنْسِيِّينَ فِي حِفْظِ سَمَكِ السَّرْدِينِ فِي الْعُلَبِ بَعْدَ ذَلِكَ بِنَحْوِ أَرْبَعِينَ سَنَةً ؟

٣) مَتَى اسْتَطَاعَ الْيَابَانِيُّونَ حِفْظَ أَنْوَاعٍ نَادِرَةٍ مِنَ السَّمَكِ فِي الْعُلَبِ ؟

٤) كَيْفَ عَمَّ اسْتِعْمَالُ الْعُلَبِ لِحِفْظِ الطَّعَامِ ؟

٥) مَا هِيَ الطَّرِيقَةُ الَّتِي تُتَّبَعُ فِي حِفْظِ السَّمَكِ ؟

٦) مَا هِيَ أَشْهَرُ الْبُلْدَانِ الَّتِي تَنْهَضُ بِصِنَاعَةِ السَّمَكِ الْمَحْفُوظِ ؟

第五十六课 罐 头 鱼

1834年，法国人首次知道用罐头保存沙丁鱼。大约40年后美国人跟上了，到了20世纪初，日本人已经能将许多珍贵的鱼类做成罐头。

一开始，人们并不太喜欢罐头食品，直至世界大战爆发后，获取新鲜食物不再像以前那样容易，人们对罐头食品才喜爱有加。军队发现它是一种适合边远战场的补给品。

制罐头鱼的方法是：先把捕获的鱼放在大水池洗净，按大小分级，斩去头尾，去除内脏，浸泡浓盐水一小时，让它的组织变得坚挺，之后，把它放到热蒸气上短时间内高温蒸熟，再用热气去除潮湿，将大小相同的鱼摆放在罐头里，浇上热油或番茄汁以增添美味，最后封上罐头高温消毒。

为了保持罐头的清洁，用特殊的溶解济清除外部的油腻，再用水洗净，晾干。

以罐头鱼工业振兴的国家最著名的有：法国、葡萄牙、西班牙、瑞典、挪威、美国和日本。

اَلدَّرْسُ السَّابِعُ الْخَمْسُونَ

اَلتَّلَوُّثُ

ازْدَادَ الْوَعْيُ وَاهْتِمَامُ الرَّأْيِ الْعَامِّ فِي الْوَقْتِ الْحَاضِرِ: بِحِمَايَةِ الْبِيئَةِ وَالْحِفَاظِ عَلَى مَوَارِدِهَا الطَّبِيعِيَّةِ وَالتَّوَازُنِ الدَّقِيقِ لِعَنَاصِرِهَا.

لَقَدْ أَسْهَمَتِ التَّقْنِيَّةُ الْحَدِيثَةُ بِتَطَوُّرٍ كَبِيرٍ فِي كَثِيرٍ مِنْ مَجَالاَتِ الْحَيَاةِ، لَكِنَّ هَذَا التَّطَوُّرَ كَانَ مَصْحُوباً بِكَثِيرٍ مِنَ الأَضْرَارِ الَّتِي حَدَثَتْ لِلْبِيئَةِ؛ فَقَدِ اعْتَمَدَ الإِنْسَانُ فِي تَقَدُّمِهِ الصِّنَاعِيِّ عَلَى اسْتِهْلاَكِ مَوَادِّهَا الْخَامْ، وَمِنْ ثُمَّ إِطْلاَقُ غَازَاتٍ شَدِيدَةِ الضَّرَرِ بِهَا تُؤَدِّي إِلَى رَفْعِ دَرَجَةِ حَرَارَةِ الأَرْضِ مَعَ مُرُورِ الْوَقْتِ وَإِلَى تَكَوُّنِ الأَمْطَارِ الْحَمْضِيَّةِ الضَّارَّةِ بِالْغِطَاءِ النَّبَاتِيِّ لِلأَرْضِ وَالْغَابَاتِ، وَالثَّرْوَةِ السَّمَكِيَّةِ فِي الْبُحَيْرَاتِ.

إِنَّ ازْدِحَامَ الْمُدُنِ بِالسُّكَّانِ وَالسَّيَّارَاتِ يَزِيدُ مِنْ دَرَجَةِ تَلَوُّثِ هَوَائِهَا، كَمَا أَنَّ الْمَوَادَّ الْكِيمِيَائِيَّةَ الْمُسْتَخْدَمَةَ فِي التَّبْرِيدِ وَالتَّجْمِيلِ وَالْمُبِيدَاتِ تُسَاعِدُ عَلَى تَنَاقُصِ طَبَقَةِ الأُوزُونِ، وَهَذَا يُهَدِّدُ الْحَيَاةَ عَلَى سَطْحِ الأَرْضِ.

كَمَا يَتَسَبَّبُ النَّشَاطُ الصِّنَاعِيُّ وَالزِّرَاعِيُّ فِي مُعْظَمِ التَّلَوُّثِ بِمَا تَحْمِلُهُ الأَنْهَارُ

الَّتِي تَصُبُّ فِي الْبِحَارِ مِنْ نَفَايَاتِ الْمَصَانِعِ الضَّارَّةِ بِالْحَيَاةِ.

نَظَرًا لِكُلِّ مَا تَقَدَّمَ لاَ بُدَّ مِنَ الْقَضَاءِ عَلَى مُسَبِّبَاتِ التَّلَوُّثِ بِأُسْلُوبٍ عِلْمِيٍّ صَحِيحٍ، وَالْعَمَلِ عَلَى حِمَايَةِ الْبِيئَةِ مِنَ الأَخْطَارِ الَّتِي تُرَافِقُ هَذَا التَّقَدُّمَ التَّقْنِيَّ الْكَبِيرَ وَذَلِكَ بِنَشْرِ الْوَعْيِ وَوَضْعِ الْقَوَانِينِ. وَبِأَنْ نَحْتَفِظَ بِنَقَاءِ الْغِلاَفِ الْجَوِيِّ لِلأَرْضِ، وَبِصَفَاءِ غِلاَفِهَا الْمَائِيِّ وَمَا يَحْتَوِيهِ مِنْ ثَرَوَاتٍ.

اَلْمُفْرَدَاتُ:

وَعَى وَعْيًا الأَمْرَ	领会，觉悟，意识
مَوْرِدٌ جـ مَوَارِدُ	泉源；资源
ضَرَرٌ جـ أَضْرَارٌ	危害，害处
اِسْتَهْلَكَ اِسْتِهْلاَكًا الشَّيْءَ	消费，消耗
اَلْمَادَّةُ الْخَامُ / اَلْمَادَّةُ الأَوَّلِيَّةُ	原材料
أَطْلَقَ إِطْلاَقًا سَرَاحَهُ	释放
نَقِيَ ـَ نَقَاءً الشَّيْءُ	纯净，纯洁
مُبِيدٌ جـ مُبِيدَاتٌ	杀虫剂

اَلأَمْطَارُ الْحَمْضِيَّةُ	酸雨
تَنَاقَصَ تَنَاقُصًا الشَّيْءُ	渐渐减少，逐渐减缩
طَبَقَةُ الأُوزُونِ	臭氧层
غِلاَفُ الأَرْضِ الْجَوِيُّ	地球大气圈
غِلاَفُ الأَرْضِ الْمَائِيُّ	地球水圈

اَلْمُنَاقَشَةُ:

١) مَا الأَضْرَارُ النَّاتِجَةُ عَنِ التَّقَدُّمِ الصِّنَاعِيِّ ؟

٢) مَا الْخَطَرُ الَّذِي يُهَدِّدُ الْبَشَرَ عَلَى سَطْحِ الأَرْضِ ؟

٣) كَيْفَ تَتَلَوَّثُ الْبِحَارُ وَالْمُحِيطَاتُ ؟

٤) كَيْفَ نَعْمَلُ عَلَى حِمَايَةِ الْبِيئَةِ ؟

第五十七课 污 染

现在，人们对于保护环境和自然资源以及保持生态平衡的意识增强了，舆论也更加重视了。

اَلدَّرْسُ السَّابِعُ الْخَمْسُونَ اَلتَّلَوُّثُ

现代技术以其巨大的发展已经进入了生活的许多领域，但这种发展也为环境带来了诸多危害。人类的工业进步是依靠消耗自然界的原材料，因而排放出极为有害的气体，这些气体导致了地球温度随着时间推移逐渐升高，导致了危害地表植被、森林和湖泊水产资源的酸雨的形成。

城市居民和车辆的密集加剧了空气的污染，同时用于制冷、美容和杀虫剂等方面的化学物质导致了臭氧层的缩减。这一切正威胁着地球上的生命。

工农业活动造成大量污染，因为江河把有害的工业废料送入了海洋。

鉴于上述的一切，必须用正确的科学方法消除污染源，努力保护环境使其免受技术大进步带来的危害，而这些都需要通过提高环保意识、制定法律，保持地球大气圈、地球水圈及其蕴藏资源的纯净来实现。

اَلدَّرْسُ الثَّامِنُ وَالْخَمْسُونَ

طَرِيقُ الْحَرِيرِ

طَرِيقٌ تِجَارِيٌّ قَدِيمٌ سَارَتْ عَلَيْهِ الْقَوَافِلُ بَرًّا مُنْطَلِقَةً مِنْ تشانغآن عَاصِمَةٍ صِينِيَّةٍ قَدِيمَةٍ مُجْتَازَةً غَرْبَ الصِّينِ، فَآسْيَا الْوُسْطَى، مُنْتَهِيَةً بِمَدِينَةِ أَنْطَاكِيَّةَ عَلَى السَّاحِلِ السُّورِيِّ، ثُمَّ بَحْرًا مِنْ أَنْطَاكِيَّةَ عَبْرَ الْبَحْرِ الْمُتَوَسِّطِ، إِلَى الْمَوَانِي الإِيطَالِيَّةِ عَابِرَةً الْبَرَّ الْأُورُبِّيَّ مُنْتَهِيَةً إِلَى مَدِينَةِ قَادِشَ الإِسْبَانِيَّةِ عَلَى الْمُحِيطِ الأَطْلَسِيِّ.

كَانَ اجْتِيَازُ هَذَا الطَّرِيقِ بَيْنَ الصِّينِ وَالْبَحْرِ الْمُتَوَسِّطِ يَسْتَغْرِقُ سَنَوَاتٍ عِدَّةً، وَقَدِ ارْتَحَلَتِ الْقَوَافِلُ التِّجَارِيَّةُ عَلَيْهِ مُتَبَادَلَةً لِلْبَضَائِعِ بَيْنَ الشَّرْقِ وَالْغَرْبِ، فَمِنَ الصِّينِ أَتَى الْحَرِيرُ وَمِنَ الْغَرْبِ ذَهَبَ الصُّوفُ وَالذَّهَبُ وَالْفِضَّةُ.

وَقَدْ كَانَ لِسُورِيَّةَ مَكَانَةٌ عَظِيمَةٌ عَلَى طَرِيقِ الْحَرِيرِ، فَفِيهَا تَدْمُرُ الَّتِي كَانَتْ مِنْ أَهَمِّ الْمُدُنِ التِّجَارِيَّةِ عَلَى هَذَا الطَّرِيقِ، وَهِيَ مَرْكَزُ التِّجَارَةِ الْقَادِمَةِ مِنَ الشَّمَالِ إِلَى الْجَنُوبِ نَحْوَ دِمَشْقَ، وَمِنَ الشَّرْقِ إِلَى الْغَرْبِ نَحْوَ أَنْطَاكِيَّةَ، وَفِيهَا مَرَّتْ جَمِيعُ الْبَضَائِعِ الَّتِي عَرَفَهَا الْعَالَمُ الْقَدِيمُ، كَمَا جَرَى فِيهَا التَّبَادُلُ التِّجَارِيُّ بَيْنَ جَمِيعِ الْمَنَاطِقِ الْحَضَارِيَّةِ فِي مِنْطَقَةِ اتِّصَالٍ بَيْنَ الْقَارَّاتِ الثَّلَاثِ (آسْيَا- أُرُوبَّا- أَفْرِيقِيَا) وَلَهَا الْفَضْلُ

فِي تَطْوِيرِ نُظُمِ التِّجَارَةِ الْعَالَمِيَّةِ. كَمَا لَهَا الْفَضْلُ فِي كِتَابَةِ أَوَّلِ صَكٍّ تِجَارِيٍّ فِي الْعَالَمِ.

وَفِي سُورِيَّةَ دِمَشْقُ: فَقَدْ كَانَتِ الْمَنْفَذَ الرَّئِيسِيَّ لِلطُّرُقِ التِّجَارِيَّةِ الْمُتَفَرِّعَةِ عَنْ طَرِيقِ الْحَرِيرِ نَحْوَ الْجَنُوبِ إِلَى بِلَادِ الْحِجَازِ وَمِصْرَ، وَتَشْهَدُ أَحْيَاؤُهَا الْقَدِيمَةُ وَخَانَاتُهَا (وَأَهَمُّهَا خَانُ الْحَرِيرِ) عَلَى أَهَمِّيَّةِ هَذِهِ الْمَدِينَةِ عَلَى طَرِيقِ الْحَرِيرِ.

وَهُنَاكَ مَدِينَةُ أَنْطَاكِيَّةَ السَّاحِلِيَّةُ الَّتِي يَنْتَهِي إِلَيْهَا طَرِيقُ الْحَرِيرِ الْبَرِّيِّ، وَفِيهَا تُسَلَّمُ الْبَضَائِعُ الْقَادِمَةُ مِنْ آسِيَا إِلَى مَرَاكِبِ الْبَحْرِ الْمُتَوَسِّطِ لِتَنْقُلَهَا إِلَى أَقْصَى الْبَرِّ الْأُرُوبِّي عَلَى الْمُحِيطِ الْأَطْلَسِيِّ.

كَانَ لِهَذَا الطَّرِيقِ دَوْرٌ كَبِيرٌ فِي التَّبَادُلِ الثَّقَافِيِّ وَالْحَضَارِيِّ وَالدِّينِيِّ. فَأَحْدَثَ تَقَارُباً بَيْنَ الشُّعُوبِ عَلَى امْتِدَادِهِ.

وَقَدْ سَلَكَ هَذَا الطَّرِيقَ كَثِيرٌ مِنَ الْمُؤَرِّخِينَ وَالرَّحَّالِينَ الْعَرَبِ وَغَيْرِهِمْ. وَكَتَبُوا عَنْهُ.

وَالْيَوْمَ تَتَعَالَى الدَّعَوَاتُ لِبَعْثِ هَذَا الطَّرِيقِ بِصُورَةٍ عَصْرِيَّةٍ. وَإِنْشَاءِ طَرِيقٍ دَوْلِيٍّ يَصِلُ بَيْنَ دُوَلِ الْعَالَمِ لِتَأْكِيدِ الْعَلَاقَاتِ الدَّوْلِيَّةِ وَالصِّلَاتِ الْإِنْسَانِيَّةِ.

وَمِنَ الْجُهُودِ الْمَبْذُولَةِ لِتَحْقِيقِ هَذِهِ الْغَايَةِ، تِلْكَ الْأَفْلَامُ التِّلْفِزْيُونِيَّةُ الَّتِي صَوَّرَتْ هَذَا الطَّرِيقَ فِي مَحَطَّاتِهِ الْمُخْتَلِفَةِ.

اَلْمُفْرَدَاتُ:

قَافِلَةٌ جـ قَوَافِلُ	骆驼群；驼队，商队
اِسْتَغْرَقَ اِسْتِغْرَاقًا الْوَقْتَ	占用时间，历时
مَكَانَةٌ	地位
صَكٌّ جـ صُكُوكٌ وأَصُكٌّ وصِكَاكٌ	契据，票据，证书，文书
مَنْفَذٌ جـ مَنَافِذُ	出路，通路
شَهِدَ ـــ شَهَادَةً الْحَادِثَ أَوْ الشَّيْءَ	目击，目睹，亲眼看见
مَرْكَبٌ جـ مَرَاكِبُ	小艇，船
مُؤَرِّخٌ	历史学家
رَحَّالٌ جـ رَحَّالَةٌ	旅行家

اَلْمُنَاقَشَةُ:

١) مِنْ أَيْنَ انْطَلَقَتِ الْقَوَافِلُ عَلَى طَرِيقِ الْحَرِيرِ ؟ وَإِلَى أَيْنَ ؟

٢) مَاذَا أَتَى مِنَ الصِّينِ إِلَى الْغَرْبِ ؟ وَمَاذَا ذَهَبَ مِنَ الْغَرْبِ إِلَى الشَّرْقِ ؟

٣) مَا أَهَمِيَّةُ تَدْمُرُ عَلَى طَرِيقِ الْحَرِيرِ ؟

٤) مَاذَا تَشْهَدُ أَحْيَاءُ دِمَشْقَ الْقَدِيمَةُ ؟

٥) مَا أَهَمِيَّةُ مَدِينَةِ أَنْطَاكِيَّةَ عَلَى طَرِيقِ الْحَرِيرِ ؟

٦) مَا الدَّوْرُ الَّذِي لَعِبَهُ طَرِيقُ الْحَرِيرِ؟ وَمَاذَا أَحْدَثَ بَيْنَ الشُّعُوبِ ؟

٧) إِلاَمَ تَتَعَالَى الدَّعَوَاتُ الْيَوْمَ ؟ وَلِمَاذَا ؟

٨) اُذْكُرْ بَعْضَ الْجُهُودِ الْمَبْذُولَةِ لِبَعْثِ طَرِيقِ الْحَرِيرِ.

第五十八课 丝 绸 之 路

古代商路陆上商队从中国古都长安出发，穿越中国西部、中亚、直至叙利亚海滨城市安提俄克，海上从安提俄克经地中海到意大利港口，再穿过欧洲大陆最终到达大西洋东岸的西班牙城市加的斯。

当时，中国到地中海这段路程得走几年时间，东西方的货物通过来往于这条道上的商队进行交流，有从中国来的丝绸，也有从西方来的羊毛和金银。

当时叙利亚在这条丝绸之路上占有重要的地位。台德木尔曾是这条路上最重要的商贸城市之一，是个商业中心，由北向南通往大马士革、由东向西通往安提俄克，是古代世界所有商品的集散地，亚欧非三大洲交汇处，各文明地区在这里进行商贸交流。它为世界贸易体制的发展做出了贡献，同时也为世界上书写第一份商业文书做出了贡献。

叙利亚的大马士革曾是丝绸之路向南通往汉志和埃及几条支线的主要出口，它古老的市区及其店铺（最重要的是丝绸店）见证了这座城市对丝绸之路的重要性。

还有陆地丝绸之路的终点——海滨城市安提俄克，来自亚洲的货物在这里装上地中海的船只，运往大西洋东岸、欧洲大陆最远的地方。

这条丝绸之路对文化、文明和宗教的交流发挥了巨大作用，拉近了沿途各国人民的距离。

包括阿拉伯历史学家和旅行家在内的许多人士都走过这条路，并留下了他们的文字。

今天，越来越高的呼声要求以现代形式振兴这条路，修建一条连接世界各国的国际通道，以加强国际关系与人文联系。

那些在丝绸之路上各个站点拍摄的影视片即属于人们为实现这一目标所作的努力。

اَلدَّرْسُ التَّاسِعُ وَالْخَمْسُونَ

طَهَ حُسَيْن

وُلِدَ فِي مُحَافَظَةِ الْمِنْيَا جَنُوبَ الْقَاهِرَةِ عَامَ ١٨٨٩ م وَأُصِيبَ فِي عَيْنَيْهِ فِي الثَّالِثَةِ مِنْ عُمْرِهِ، فَكُفَّ بَصَرُهُ.

تَحَدَّثَ فِي كِتَابِهِ "اَلْأَيَّامْ" عَنْ طُفُولَتِهِ فَقَالَ:

"كَانَ يُحِسُّ مِنْ أُمِّهِ رَحْمَةً وَرَأْفَةً، مَا كَانَتْ تَمْنَحُ مِثْلَهَا أَحَدًا غَيْرَهُ مِنْ إِخْوَتِهِ، وَكَانَ يَجِدُ مِنْ أَبِيهِ لِينًا وَرِفْقًا، وَكَانَ يَشْعُرُ مِنْ إِخْوَتِهِ بِشَيْءٍ مِنَ الِاحْتِيَاطِ فِي تَحَدُّثِهِمْ إِلَيْهِ وَمُعَامَلَتِهِمْ إِيَّاهُ. كَانَ ذَلِكَ يُؤْذِيهِ لِأَنَّهُ كَانَ يَجِدُ فِيهِ شَيْئًا مِنَ الْإِشْفَاقِ، عَلَى أَنَّهُ لَمْ يَلْبَثْ أَنْ تَبَيَّنَ سَبَبَ هَذَا كُلِّهِ عِنْدَمَا سَمِعَ إِخْوَتَهُ يَصِفُونَ مَا لَيْسَ لَهُ عِلْمٌ بِهِ، فَعَلِمَ أَنَّهُمْ يَرَوْنَ مَا لَا يَرَى، وَأَيْقَنَ أَنَّهُ لَنْ يَرَى النُّورَ أَبَدًا.

دَرَسَ فِي الْأَزْهَرِ، ثُمَّ فِي الْجَامِعَةِ الْمِصْرِيَّةِ وَمِنْهَا نَالَ أَوَّلَ شَهَادَةِ دُكْتُورَاهُ عَامَ ١٩١٤، ثُمَّ أُوفِدَ إِلَى فَرَنْسَا فَتَخَرَّجَ فِي السُّورْبُونَ عَامَ ١٩١٨.

عَمِلَ فِي الصِّحَافَةِ، وَدَرَّسَ فِي كُلِّيَّةِ الْآدَابِ بِجَامِعَةِ الْقَاهِرَةِ ثُمَّ أَصْبَحَ وَزِيرًا

لِلْمَعَارِفِ، وَكَانَ مِنْ أَعْضَاءِ الْمَجْمَعِ الْعِلْمِيِّ الْمُرَاسِلِينَ بِدِمَشْقَ، ثُمَّ رَئِيسًا لِمَجْمَعِ اللُّغَةِ الْعَرَبِيَّةِ فِي مِصْرَ. وَمِنْ أَبْرَزِ مُؤَلَّفَاتِه: فِي الأَدَبِ الْجَاهِلِيِّ، عَلَى هَامِشِ السِّيرَةِ، مَعَ أَبِي الْعَلاءِ فِي سِجْنِه، الأَيَّامُ. وَتُوُفِّيَ عَامَ ١٩٧٣.

تَمْتَازُ كِتَابَاتُهُ بِأُسْلُوبٍ عَذْبٍ، وَقُدْرَةٍ عَلَى الإِقْنَاعِ وَمِنْ أَعْمَالِهِ الْجَلِيلَةِ فِي التَّرْبِيَةِ دَعْوَتُهُ إِلَى مَجَّانِيَّةِ التَّعْلِيمِ، وَفَتْحُهُ بَابَ الْجَامِعَةِ أَمَامَ الْمَرْأَةِ، وَقَدْ كَانَ نَاقِدًا بَارِعًا اسْتَطَاعَ أَنْ يَخْلُقَ ثَوْرَةً فِكْرِيَّةً وَأَدَبِيَّةً فِي عَصْرِهِ.

اَلْمُفْرَدَاتُ:

كُفَّ بَصَرُهُ	（双目）失明，变成瞎子
بَصَرٌ جـ أَبْصَارٌ	视觉，视力，眼力
اَلاِحْتِيَاطُ	提防，戒备
عَامَلَهُ مُعَامَلَةً	交往，相处，对待，打交道
أَشْفَقَ إِشْفَاقًا عَلَيْهِ	同情，怜悯
اَلأَزْهَرُ، جَامِعَةُ الأَزْهَرِ	（埃及）爱兹哈尔大学
شَهَادَةُ دُكْتُورَاهُ	博士文凭

تَخَرَّجَ تَخَرُّجًا فِي أَوْ مِنْ	毕业于
مُؤَلَّفٌ جـ مُؤَلَّفاتٌ	被编纂的，著作，作品
اِمْتازَ اِمْتِيازًا بـ	具有……特征
أَقْنَعَهُ إِقْناعًا	说服；使满足
جَلِيلٌ م جَلِيلَةٌ	伟大的，重要的

اَلْمُناقَشَةُ:

١) مَتَى وُلِدَ طَه حُسَيْن ؟ وَبِمَ أُصِيبَ فِي صِغَرِهِ ؟

٢) بِمَ كَانَ يُحِسُّ مِنْ أُمِّهِ ؟ وَمَاذَا كَانَ يَجِدُ مِنْ أَبِيهِ ؟

٣) كَيْفَ كَانَ إِخْوَتُهُ يُعَامِلُونَهُ ؟

٤) كَيْفَ أَدْرَكَ مُصِيبَتَهُ ؟

٥) أَيْنَ دَرَسَ ؟ وَمَاذَا نَالَ ؟ وَلِمَاذَا أُوفِدَ إِلَى فَرَنْسَا ؟

٦) اُذْكُرْ اِثْنَيْنِ مِنْ مُؤَلَّفَاتِ طَه حُسَيْن.

٧) بِمَ اِمْتَازَ أُسْلُوبُهُ فِي الْكِتَابَةِ ؟

٨) اُذْكُرْ أَحَدَ أَعْمَالِهِ الْجَلِيلَةِ فِي مَيْدَانِ التَّرْبِيَةِ.

第五十九课　塔哈·侯赛因

塔哈·侯赛因于1889年出生在开罗南面的米尼亚省，三岁时患眼疾双目失明。

在《日子》一书中他谈了自己的童年：

他感受到母亲不曾给予他的兄弟姐妹们的那种慈爱，感受到父亲的温和与宽容，也感觉到兄弟姐妹们与他交谈和相处时的小心谨慎。正是这些伤害了他，因为他发现其中包含着同情和怜悯，但是没过多久，当他听到兄弟姐妹们说一些他不知道的事，他便明白了这一切的原因。因为他们能看见的东西他看不见，他确信自己永远失去了光明。

他到爱兹哈尔大学读书，后转到埃及大学，于1914年获得了第一个博士学位，后又公派去法国留学，1918年毕业于索尔本大学。

他曾在报社工作，在开罗大学文学院任教，后出任教育部长，为大马士革科学学会通讯会员、埃及阿拉伯语学会主席。他的主要著作有：《论贾希利叶时期的文学》、《先知外传》、《同艾布·阿拉在狱中》、《日子》等。塔哈·侯赛因于1973年去世。

　　他的作品风格优美，有说服力。他为教育事业做出的巨大贡献，其中包括提倡免费教育、向女子敞开大学校门。同时，他还是一位出色的批评家，掀起了一个时代的思想革命和文学革命。

اَلدَّرْسُ السِّتُّونَ

تَعْلِيمُ الْعَرَبِيَّةِ

كَانَتِ اللُّغَاتُ وَمَا تَزَالُ أَرْقَى وَسِيلَةٍ اِسْتَخْدَمَهَا الإِنْسَانُ لِلتَّعْبِيرِ عَنِ الْحَاجَاتِ وَالْمَشَاعِرِ وَلِلتَّفَاهُمِ وَالإِبْدَاعِ وَإِنْجَازِ الْحَضَارَاتِ.

وَاسْتَمَرَّ كُلُّ شَعْبٍ مِنَ الشُّعُوبِ يَهْتَمُّ بِتَكَلُّمِ لُغَاتِ غَيْرِ لُغَتِهِ لأَنَّهَا وَسِيلَةُ الاِتِّصَالِ الأُولَى بَيْنَ الشُّعُوبِ.

وَقَدْ كَانَ اهْتِمَامُ الشُّعُوبِ بِاللُّغَةِ الْعَرَبِيَّةِ كَبِيراً مُنْذُ الْقَدِيمِ. فَقَدَ احْتَكَّ الْعَرَبُ بِأَبْنَاءِ الشُّعُوبِ الأُخْرَى لأَسْبَابٍ دِينِيَّةٍ وَتِجَارِيَّةٍ وَثَقَافِيَّةٍ وَتَبَادَلُوا مَعَهُمْ مَا تَتَبَادَلُهُ الشُّعُوبُ فِيمَا بَيْنَهَا فَأَثَّرُوا وَتَأَثَّرُوا.

وَكَانَ ظُهُورُ الإِسْلاَمِ وَدُخُولُ كَثِيرٍ مِنَ الشُّعُوبِ فِيهِ أَهَمَّ عَامِلٍ فِي انْتِشَارِ الْعَرَبِيَّةِ. إِذْ أَصْبَحَتِ الْعَرَبِيَّةُ لُغَةَ الْعِبَادَةِ لِلشُّعُوبِ الْمُسْلِمَةِ، وَلُغَةً رَسْمِيَّةً لِكَثِيرٍ مِنَ الدُّوَلِ، كَمَا أَصْبَحَتْ لَهُمْ لُغَةَ عِلْمٍ وَثَقَافَةٍ فَأَلَّفُوا بِهَا كُتُباً كَثِيرَةً فِي الْمَجَالاَتِ كُلِّهَا.

وَمَا تَزَالُ الْعَرَبِيَّةُ إِلَى يَوْمِنَا هَذَا تَحْتَلُّ مَكَانَةً كَبِيرَةً عَلَى الْمُسْتَوَى الرَّسْمِيِّ فِي الْمُنَظَّمَاتِ الدَّوْلِيَّةِ، وَعَلَى الْمُسْتَوَى الثَّقَافِيِّ وَالْحَضَارِيِّ بَيْنَ شُعُوبِ الْعَالَمِ.

وَقَدْ تَوَسَّعت الْيَوْمَ أَهْدَافُ مُتَعَلِّمِي الْعَرَبِيَّةِ حَتَى شَمِلَت الشُّؤُونَ السِّيَاسِيَّةَ وَالاقْتِصَادِيَّةَ وَالاجْتِمَاعِيَّةَ إِلَى جَانِبِ الأَهْدَافِ الأُخْرَى. وَانْتَشَرَتْ فِي كُلِّ الْعَالَمِ الْكُلِيَّاتُ وَالْمَعَاهِدُ وَالْمَدَارِسُ الَّتِي تَهْتَمُّ بِالْعَرَبِيَّةِ تَعْلِيمًا أَوْ دَرْسًا. وَقَدْ سَاهَمَ بَعْضُ الْعُلَمَاءِ الأَجَانِبِ الَّذِينَ دَرَسُوا الْعَرَبِيَّةَ وَأَحَبُّوهَا بِجُهُودٍ عَظِيمَةٍ فِي نَشْرِ كُتُبِ التُّرَاثِ الْعَرَبِيِّ.

كَانَتْ سُورِيَّةُ وَمُنْذُ وَقْتٍ طَوِيلٍ تَجْتَذِبُ الْكَثِيرَ مِنَ الطُّلَّابِ الأَجَانِبِ لِلدِّرَاسَةِ فِيهَا، وَإِيمَاناً بِأَهَمِّيَّةِ اللُّغَةِ الْعَرَبِيَّةِ وَتَعْلِيمِهَا لِلأَجَانِبِ فَقَدْ لَبَّتْ سُورِيَّةُ رَغَبَاتِ هُؤْلاَءِ الدَّارِسِينَ وَاسْتَقْبَلَتْهُمْ وَقَدَّمَتْ لَهُمْ كُلَّ الْمُسَاعَدَاتِ الْمُمْكِنَةِ. وَكَانَ مِنْ أَهَمِّ هَذِهِ الْمُسَاعَدَاتِ تَأْسِيسُ مَعْهَدٍ خَاصٍّ لِتَعْلِيمِ الأَجَانِبِ اللُّغَةَ الْعَرَبِيَّةَ، مَعْهَدِنَا هَذَا، قَبْلَ رُبْعِ قَرْنٍ. حَيْثُ دَرَسَ فِي هَذَا الْمَعْهَدِ آلافٌ مِنَ الطُّلَّابِ مِنْ مُخْتَلِفِ الْجِنْسِيَّاتِ. كَمَا أَسْهَمَ فِي تَوْثِيقِ الارْتِبَاطِ بَيْنَ الْمُهَاجِرِينَ الْعَرَبِ وَوَطَنِهِمْ الأُمِّ. إِضَافَةً إِلَى مَا حَصَّلَهُ هُؤْلاَءِ الطُّلاَّبُ مِنْ مَعَارِفَ جَيِّدَةٍ وَمُسْتَوًى مُتَقَدِّمٍ فِي الْعَرَبِيَّةِ، فَقَد اسْتَطَاعُوا الاطِّلاَعَ عَلَى بَعْضِ الْمَعَالِمِ الْحَضَارِيَّةِ وَالثَّقَافِيَّةِ مِنْ خِلاَلِ النَّشَاطَاتِ الَّتِي يَقُومُ بِهَا هَذَا الْمَعْهَدُ الَّذِي أَصْبَحَ وَاحِداً مِنْ أَهَمِّ مَرَاكِزِ تَعْلِيمِ الْعَرَبِيَّةِ فِي الْوَطَنِ الْعَرَبِيِّ وَيُؤَدِّي دَوْرًا مُهِمًّا فِي مَدِّ الْجُسُورِ الثَّقَافِيَّةِ لِتَبَادُلِ الْفِكْرِ وَالثَّقَافَاتِ بَيْنَ الْحَضَارَةِ الْعَرَبِيَّةِ وَالْحَضَارَاتِ الأُخْرَى.

اَلْمُفْرَدَاتُ:

أَبْدَعَ إِبْدَاعًا	创新，创造
أَنْجَزَ إِنْجَازًا الأَمْرَ	完成，做完，完毕
اِحْتَكَّ اِحْتِكَاكًا	摩擦
عَبَدَ ـُ عِبَادَةً	崇拜，尊崇
وَثَّقَ تَوْثِيقًا الأَمْرَ	使牢固，使密切
تَبَادَلَ تَبَادُلاً الشَّيْءَ	交换，交流
مُهَاجِرٌ جـ مُهَاجِرُونَ	移民；侨民

اَلْمُنَاقَشَةُ:

١) مَا أَهَمِّيَّةُ اللُّغَةِ فِي حَيَاةِ الإِنْسَانِ ؟

٢) كَيْفَ كَانَ اهْتِمَامُ الشُّعُوبِ بِاللُّغَةِ الْعَرَبِيَّةِ فِي الْقَدِيمِ ؟

٣) مَا أَهَمُّ عَامِلٍ فِي انْتِشَارِ اللُّغَةِ الْعَرَبِيَّةِ ؟

٤) كَيْفَ أَصْبَحَتِ الْعَرَبِيَّةُ لُغَةَ الْعِبَادَةِ لِلشُّعُوبِ الْمُسْلِمَةِ ؟

٥) مَا الْمَكَانَةُ الَّتِي تَحْتَلُّهَا الْعَرَبِيَّةُ الْيَوْمَ ؟

٦) مَا دَوْرُ مَعْهَدِ تَعْلِيمِ الأَجَانِبِ اللُّغَةَ الْعَرَبِيَّةَ بِدِمَشْقَ ؟

第六十课　阿拉伯语教学

　　语言过去是、现在仍然是人们用以表达需求、情感以及相互了解、创建文明的最高级工具。

　　每一个国家的人民都很重视学习母语以外的外语，因为语言是各国人民联系的第一工具。

　　自古以来，各国人民对阿拉伯语都非常重视。阿拉伯人由于宗教、商业和文化的原因与其他国家人民相互接触，相互交流，并相互影响。

　　伊斯兰教的出现和很多国家人民皈依伊斯兰教是阿拉伯语广泛传播的最重要的原因，阿拉伯语成为穆斯林礼拜的语言，成为许多国家的官方语言，同时也成为科学与文化的语言，人们用它撰写了大量相关书籍。

　　直到今天，阿拉伯语在国际组织的官方层次以及世界各国人民文化、文明方面仍占有很高的地位。

　　如今，阿拉伯语学习者的目标扩展了，除了其他方面的目标外，还涉及到政治、经济、社会诸方面。教授阿拉伯语或研究阿拉伯语的学院、研究所和学校已遍布全世界。一些研究并且热爱阿拉伯语的外国学者为传播阿拉伯文化做了巨大努力。

　　长期以来叙利亚一直吸引着大量的外国学生前来求学，出于深信阿拉伯语和教外国人学阿拉伯语的重要性，叙利亚满足了这些求学者的愿望，欢迎他们，并为他们提供了可能的帮助。这些帮助中最重要的是25年前建立了我们这所专科学校——专门教外国人学阿语的学校，不同国籍的数千名学生在这里学习；对密切阿拉伯移民与祖国的联系做出了贡献，学生们除了获得阿拉伯语的良好知识，达到较高的语言水平外，通过本校组织的各种活动还能够了解到一些文明与文化的梗概。本校因此成为阿拉伯世界最重要的阿语教学中心之一，为搭建阿拉伯文明与其他文明之间思想与文化交流的桥梁发挥了重要作用。